세계를 움직이는 약속
국제조약

세상을 움직이는 약속 **국제조약**

2018년 11월 16일 초판 1쇄 발행
글 박동석 그림 이윤정 편집 김인섭, 박설아 **디자인** 원영, 김지혜
펴낸이 우현옥 **펴낸곳** 책고래 등록 번호 제2015-000156호
주소 서울특별시 서초구 강남대로12길 23-4, 301호 (양재동, 동방빌딩)
대표전화 02-6083-9232(관리부) 02-6083-9234(편집부)
홈페이지 www.dreamingkite.com / www.bookgorae.com
전자우편 dk@dreamingkite.com
ISBN 979-11-87439-80-6 73310

ⓒ 박동석, 이윤정 2018년

이 도서의 국립중앙도서관 출판예정도서목록(CIP)은
서지정보유통지원시스템 홈페이지(http://seoji.nl.go.kr)와
국가자료공동목록시스템(http://www.nl.go.kr/kolisnet)에서
이용하실 수 있습니다. (CIP제어번호: CIP2018034299)

* 이 책의 출판권은 책고래에 있습니다.
* 책값은 뒤표지에 있습니다.

세계를 움직이는 약속
국제조약

글 **박동석** 그림 **이윤정**

작가의 말

세계를 움직이는 약속, 국제조약

2018년 6월 12일.

이 날은 아주 중요하면서도 의미 있는 날로 현대사의 한 페이지에 기록될 수 있어. 왜냐하면 북한과 미국의 두 정상이 싱가포르에서 역사적인 회담을 갖고, 공동 합의문을 발표했기 때문이야.

북한은 그동안 계속해서 폐쇄적인 정책을 고수하면서 우리나라뿐 아니라 서방의 많은 나라들과 갈등을 빚어 왔어. 게다가 인류를 위험에 빠뜨릴 수 있는 핵 실험을 강행하면서 '악의 축'이라는 소리까지 듣는 상황이 되었고, 이런 서방의 목소리에 전쟁도 불사하겠다는 입장을 취하면서 고집을 꺾지 않았어. 그야말로 북한은 여러 모로 갈등의 중심에 있었던 나라였지.

그런데, 2018년 6월 12일 북한과 미국의 만남으로 상황이 바뀌었어. 북한과 미국의 두 정상은 회담에서 두 나라 간 새로운 관계를 수립하고, 한반도의 평화를 구축하기 위해 노력하자는 합의문을 발표했어. 오랫동안의 갈등이 해소되는 순간이었지. 회담 이후 세계도 북한을 바라보는 시각이 달라졌고, 국제 정세에도 많은 변화를 가져왔어.

북한과 미국의 두 정상이 회담 이후 발표한 합의문은 일종의 조약이라고 볼 수 있어. 정식 조약으로는 부족한 부분이 있지만 두 나라 정상의 약속이라는 점에서 조약의 의미가 담겨 있지.

조약은 쉽게 말해 국가와 국가 간의 약속을 말해. 우리가 친구들과 하는 약속, 부모님과 하는 약속과는 조금 다른 차원의 약속이지.

그런데, 조약은 왜 하는 걸까? 북한과 미국의 만남을 생각하면 조금 이해가 쉬울 거야. 조약은 서로 갈등 관계를 극복하고, 상대방에게 믿음을 주어 좋은 관계를 유지하기 위해서라고 할 수 있어. 좀 더 구체적으로 이야기하면 국가 간 질서를 유지하고, 서로 평화롭고 행복하게 살기 위해서 조약을 맺는 거야.

만약 이런 조약이 없다면 세계는 금방 혼란 상태에 빠지고 말 거야. 힘 있는 나라들이 힘없는 나라들을 침략해서 괴롭히는 일이 제일 먼저 일어날 테니까. 지금까지 지구상에 나타난 수많은 전쟁들이 바로 그런 경우야. 현재 우리가 사는 세계가 어느 정도 평화를 유지하고 있는 것은 조약의 역할이 크다고 할 수 있어. 서로 싸우지 말고 사이좋게 지내자는 약속을 한 덕분이지.

지구라는 별에 살고 있는 우리들은 모두 공동 운명체에 놓여 있어. 어느 하나가 불필요한 행동을 하거나 지구에 해가 되는 행동을 하게 되면 지구 전체가 위험에 빠질 수 있어. 조약은 이런 상황을 미리 예방하자는 의미에서도 반드시 필요한 거야.

어떻게 보면 우리가 살고 있는 세상은 조약으로 이루어져 있다고 해도 틀린 말은 아니야. 또 조약으로 인해 좀 더 나은 세상으로 바뀌었다고도 볼 수 있어. 이런 의미에서 보면 조약은 문제 해결사이자, 미래 설계사인 셈이지.

또 조약은 오랜 옛날부터 있어 왔기 때문에 조약을 알면 세계사의 흐름도 이해할 수 있고, 우리가 사는 세상이 어떻게 흘러가는지도 알 수 있어.

자, 이제 어떤 조약이 어떻게 체결되었으며, 국제 정세에 어떤 영향을 끼치고 있는지 자세히 알아볼까?

박동석

차례

작가의 말
세계를 움직이는 약속, 국제조약　　　　　　　　6

제1장　조약 완전 따라잡기
/조약 5문 5답

조약이란?　　　　　　　　　　　　　　　　　14
조약은 왜 하는 것일까?　　　　　　　　　　　15
조약은 반드시 지켜야 할까?　　　　　　　　　16
조약의 명칭은 어떤 것이 있을까?　　　　　　　16
조약은 어떻게 체결될까?　　　　　　　　　　17

제2장　평화로운 세상에서 살고 싶어
/전쟁과 평화에 관한 조약

베스트팔렌 조약　　　　　　　　　　　　　　22
난징 조약　　　　　　　　　　　　　　　　　29
베르사유 조약　　　　　　　　　　　　　　　35
영국-아일랜드 협정　　　　　　　　　　　　　42
북대서양 조약　　　　　　　　　　　　　　　50
샌프란시스코 평화 조약　　　　　　　　　　　57
핵 확산 금지 조약　　　　　　　　　　　　　　65
동서독 기본 조약　　　　　　　　　　　　　　73
캠프 데이비드 협정　　　　　　　　　　　　　80
을사조약　　　　　　　　　　　　　　　　　88

제3장 서로 만나고 돕고 살아야 행복할 수 있어
/교류와 무역에 관한 조약

미터 조약	96
강화도 조약	104
브레턴우즈 협정	113
관세 및 무역에 관한 일반 협정(GATT)	121
솅겐 조약	127
마스트리흐트 조약	133
마라케시 협정	141

제4장 인간보다 더 귀한 존재는 없어
/인간, 인권, 평등에 관한 조약

제네바 협약	150
난민 지위에 관한 협약	157
인종 차별 철폐 협약	163
국제 인권 규약	170
고문 금지 조약	176
유엔 아동 권리 협약	182
오타와 협약	188

제5장 지구를 보호해야 우리가 살 수 있어
/자연과 환경에 관한 조약

람사르 협약	196
런던 협약	202
빈 협약(오존층 보호를 위한)	208
기후 변화 협약(리우 환경 협약)	215
생물 다양성 협약	225
사막화 방지 협약	231

제6장 **서로의 영역이 명확해야 분쟁이 없어**
/영토에 관한 조약

베르됭 조약	238
토르데시야스 조약	246
루이지애나 매입 협정	255
콩고 분지 조약	262
남극 조약	271
유엔 해양법 협약	279

제7장 **이런 조약도 있어**
/그 외 다양한 조약

베른 협약	288
세계 저작권 협약	291
조약법에 관한 빈 협약	294
세계 유산 협약	297
문화 다양성 협약	300

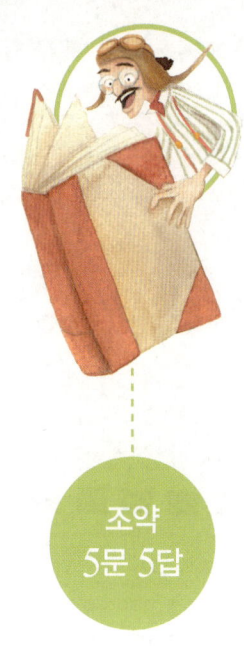

조약
5문 5답

1 조약이란?

'조약'이란 국가와 국가가 맺는 약속을 말해. 법적으로 책임이 따르는 약속이지. 간혹, '국제조약'이라는 말을 쓰기도 하는데, 이는 조약을 통칭할 때 사용해. 개별 조약의 이름 앞에는 사용하지 않아(예: 강화도 국제 조약이 아니라 강화도 조약이라 함). 이미 조약에는 국제의 의미(국가와 국가 간 약속)가 포함되어 있기 때문이야.

조약은 문서 형식으로 체결되고, 보통 두 나라 사이에 맺는 경우가 많지만 여러 나라가 함께 조약을 체결하는 경우도 있어. 국가 간 약속이기 때문에 그 절차나 방법이 꽤 복잡한데, 모든 절차를 거쳐 확실하게 조약이 체결되면 그 국가의 법이 되는 거야.

❷ 조약은 왜 하는 것일까?

조약은 왜 하는 걸까? 친구 혹은 부모님과 하는 약속을 생각해 보면 이해하기 쉬울 거야. 우리는 약속을 통해 서로 좋은 관계를 유지할 수 있어. 특히, 친한 친구 사이에 맺는 비밀 약속은 관계를 더욱 특별하게 만들지.

조약도 마찬가지야. 국가와 국가가 다투지 않고 좋은 관계를 유지하기 위해서 약속을 맺는 거야. 만약 이런 약속이 없었다면 세계는 더 많은 분열과 갈등이 생겼을 거야. 세계 대전처럼 말이지. 그래서 사람들은 서로 사이좋게 지내자는 약속을 하게 된 거야. 예를 들어, 서로 필요한 것을 주고받자는 약속, 위험한 물건은 만들지 말자는 약속, 힘을 함부로 사용하지 말자는 약속, 모두가 함께 살아가고 있는 지구를 잘 지키자는 약속 등등 말이지.

즉, 조약은 서로 간에 질서를 유지하며 모두가 평화롭게 살자는 의미에서 하게 된 거야.

❸ 조약은 반드시 지켜야 할까?

약속은 지키기 위해서 하는 거야. 누군가 약속을 어긴다면 우리는 그 사람과 좋은 관계를 맺을 수가 없어.

국가와 국가 간 하는 조약은 이보다 더 큰 책임과 의무가 따르게 돼. 만약 조약을 어기면 어떻게 될까? 심한 경우에는 전쟁이 일어날 수도 있어. 서로 사이좋게 지내자고 조약을 맺는 건데, 조약 때문에 전쟁이 일어난다면 더 큰 손해가 되겠지.

그러니까 조약을 체결할 때는 반드시 신중하게 생각해서 지킬 수 있는 것들만 약속해야 돼. 대충 체결했다가는 나중에 큰 어려움에 직면하게 되고, 결국에는 전쟁이라는 극단적인 행동으로 나타날 수도 있으니까.

❹ 조약의 명칭은 어떤 것이 있을까?

조약은 '핵 확산 금지 조약, 생물 다양성 협약, 몬트리올 의정서, 자유 무역 협정'처럼 크게 조약, 협약, 의정서, 협정이라는 명칭을 사용해. 이 밖에도 '조정, 의사록, 선언, 규정, 규칙, 규약, 각서 교환, 잠정 협정' 등의 명칭도 있어.

조약의 명칭은 어떤 정해진 규정에 의해 이름이 붙여지는 건 아니야. 또, 어떤 명칭이 더 중요하고 덜 중요하다는 의미가 있는 것도 아니야. 단지, 조약을 체결할 때 서로 합의하여 적절한 명칭을 선택하는 것뿐이지.

일반적으로 협약은 여러 나라가 함께 조약을 맺을 때, 의정서는 이미 체결된 조약에 부연 설명을 할 때 많이 사용해. 물론, 독자적인 조약의 경우에도 의정서라는 명칭을 사용하기도 해. 부수적인 의정서라 하더라도 성격은 일반적인 조약과 다르지 않아. 협정은 조약이나 협약보다는 형식을 덜 갖춘 문서인데, 일반적으로 조약을 체결하는 당사자 수가 적은 경우에 붙이는 명칭이야.

⑤ 조약은 어떻게 체결될까?

조약은 국가 간 약속이기 때문에 우리가 친구들과 하는 약속보다는 과정이 좀 까다롭고 복잡해. 또 자세히, 정확하게 하지 않으면 갈등이 생기기 때문에 시간을 두고 신중하게 생각해서 결정해야 돼.

옛날부터 조약은 있어 왔지만 지금처럼 조약이 체결되는 과정이 정해진 것은 1969년에 만들어진 '조약법에 관한 빈(비엔나) 협약'에 의해서야. 조약법에 관한 빈 협약은 조약의 정의, 절차, 취지, 주체, 배경 등을 규정해 놓은 조약의 조약이라 할 수 있어.

이 협약에서는 조약을 '국가 사이에 문서의 형태로 협상, 서명, 비준이라는 기본 과정을 거쳐 이루어지는 국제적 약속'이라고 정의하고 있어.

조약을 체결하기 위해서는 가장 먼저 해당 국가 간 협상을 벌여야 돼. 이 조약이 필요한 조약인지, 모두에게 이익이 되는지 등 신중하게 생각해 보고, 만약 조약이 필요하다는 판단이 설 경우에는 서로 협상을 벌여 구체적인 조약문을 만들게 되지. 조약은 문서의 형태로 남기기 때문에 단어 하나까지 세심하게 살펴서 기록해야 돼. 단어 하나 때문에 나중에 큰 불이익을 당할 수도 있기 때문이야.

조약문이 완성되면 해당 국가는 다시 한 번 조약문의 내용을 세심하게 따져 보고, 문제가 없다고 판단되면 각 나라 대표들이 만나서 조약문에 서명을 해. 우리가 보통 계약서에 서명을 하게 되면 그 계약은 성립되는 것이지만 조약에서의 서명은 그렇지 않아. 조약에서의 서명은 단지 조약문의 내용을 확정한다는 의미이지 조약 자체가 체결되었다는 의미는 아니야.

조약문에 서명을 하면 비준이라는 절차를 거쳐야 돼. 비준이란 해당 국가 대표자가 체결한 조약문을 국가가 최종적으로 확인하는 절차야. 비준은 보통 헌법상의 최고 책임자에 의해서 이루어져. 즉, 대통령이나 총리가 마지막으로 비준을 하게 되지. 이렇게 비준이 끝나면 조약은 정식으로 체결되는 거야.

그런데, 비준 전에 반드시 국회나 의회의 동의를 받아야 하는 조약들도 있어. 만약 국회나 의회의 동의가 이루어지지 않으면 그 조약은 비준을 받지 못하게 되고 결국 조약은 무효가 되는 거야.

이렇듯 국가 간의 약속인 조약을 이행하기 위해서는 각 나라의 사정에 따라 방법과 절차가 다를 수 있어.

제2장 평화로운 세상에서 살고 싶어

/전쟁과 평화에 관한 조약

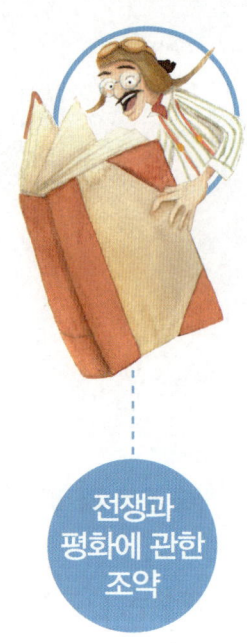

전쟁과 평화에 관한 조약

베스트팔렌 조약

　베스트팔렌 조약은 서양 최초의 근대적 조약, 근대 외교 조약의 효시, 유럽 근대 국가의 탄생을 있게 한 조약이라는 평가를 받는 세계사에서 중요한 의미를 지닌 조약이야.
　베스트팔렌 조약을 자세히 알기 위해서는 먼저 1618년에서 1648년 사이에 일어났던 '30년 전쟁'을 알아야 해. 왜냐하면 이 조약은 30년 전쟁을 끝내기 위해서 체결한 조약이기 때문이지. 30년 전쟁은 16

① 체결 당사국 : 신성로마제국(독일), 프랑스, 스페인, 스위스, 스웨덴 등 109개국
② 체결 시기 : 1648년
③ 체결 장소 : 독일 베스트팔렌 지방의 뮌스터와 오스나브뤼크
④ 체결 이유 : 30년 전쟁의 종결

세기 종교 개혁으로 탄생한 신교와 구교(가톨릭) 사이의 갈등으로 생긴 전쟁이기 때문에 흔히 종교 전쟁이라고도 불러.

30년 전쟁이 발발하게 된 직접적인 원인은 신성로마제국 황제가 신교를 탄압한 데서 비롯되었어. 가톨릭을 신봉한 신성로마제국 황제가 계속해서 신교를 탄압하자 1618년 보헤미아 지역의 신교도들은 황제의 신하들을 궁전 창밖으로 던져 버리는 일을 저질렀어. 그리고 곧 보헤미아 지역의 신교도들은 반란을 일으켰지.

신교도들이 반란을 일으키자 신성로마제국 황제는 곧바로 이들을 진압하기 위해 출동했고, 30년이라는 긴 전쟁이 시작되었어. 그리고 구교와 신교를 믿는 주변 나라들이 전쟁에 참가하면서 대규모 전쟁이 되어 버렸지.

먼저 스페인은 신성로마제국 황제와 같은 가문이었기 때문에 황제 편에 섰고, 네덜란드는 스페인으로부터 독립 전쟁을 벌이고 있었기 때문에 신교 편에 섰어. 신교 국가인 덴마크와 스웨덴은 당연히 신교 편에 서서 전쟁에 참가했어.

그런데 가톨릭 국가인 프랑스가 신교 편에 서면서 전쟁은 이상

한 방향으로 흘러갔어. 당연히 황제 편에 서야 했던 프랑스는 왜 신교 편에 섰을까? 그것은 종교보다는 신성로마제국의 팽창을 막으려는 프랑스의 정책적인 결정 때문이었어. 이렇게 프랑스가 전쟁에 참가하면서 종교 전쟁은 영토 전쟁으로 바뀌었어.

많은 나라가 참여하다 보니 전쟁은 쉽게 끝나지 않았고, 피해는 갈수록 늘어만 갔어. 특히, 전쟁의 주 무대가 된 신성로마제국(독일 지역)은 피해가 더 컸어. 이렇게 되자 처음 전쟁을 일으켰던 신성로마제국은 더 이상 전쟁을 계속할 여력이 없었지. 그건 다른 나라들도 마찬가지였어.

결국 전쟁에 참가한 많은 나라들은 평화 조약을 체결하기로 마음먹었어. 그 평화 조약이 바로 베스트팔렌 조약이야. 그런데 특이하게도 이 조약은 장소가 다른 두 곳, 즉 한 곳은 구교의 본거지인 독일의 오스나브뤼크에서, 다른 한 곳은 신교의 본거지인 독일의 뮌스터에서 각각 체결되었어. 두 도시 모두 독일의 베스트팔렌 지역에 있었기 때문에 베스트팔렌 조약이라 이름 붙이게 된 거야.

베스트팔렌 조약의 주요 내용은 다음과 같아.

- 첫째, 신성로마제국은 스웨덴과 프랑스에게 일부 땅을 넘겨준다.
- 둘째, 네덜란드는 스페인에서 독립하고, 스위스는 신성로마제국에서 독립한다.
- 셋째, 신성로마제국의 모든 공국들은 독자적인 주권과 외교권을 행사한다.

> 넷째, 사람들은 자유롭게 자신의 종교를 선택한다.
> 다섯째, 조약에 서명한 나라들은 반드시 조약을 지켜야 한다. 만약 지키지 않으면 재판 절차를 받거나, 조약을 어긴 나라에 대해서 모든 나라들이 보복한다.

　베스트팔렌 조약이 체결되면서 스웨덴과 프랑스는 신성로마제국으로부터 일부 땅을 넘겨받아 강국이 되었고, 네덜란드와 스위스는 독립 국가가 되었어. 반면에 스페인과 신성로마제국은 그만큼 세력을 잃고 말았어. 신교가 유럽에서 인정을 받으며 발전할 수 있게 된 것도 베스트팔렌 조약 덕분이야.

　또 이 조약이 체결되면서 현재 우리가 알고 있는 유럽 국가들과 국경선이 어느 정도 확정되었어. 이 조약으로 신성로마제국의 관리를 받고 있던 많은 공국들이 주권 국가로 인정을 받았고, 이들 공국들이 오늘날의 유럽 근대 국가로 발전하게 된 거야.

신성로마제국은 어떤 나라인가?

신성로마제국은 962년에 현재 독일 지역에서 탄생한 큰 나라야. 독일 지역에 있었기 때문에 독일 제국이라고 생각하면 되는데, 과거 로마 제국의 부활이라는 의미와 로마 가톨릭 교회의 정신을 이어받았다는 의미로 '신성'이라는 말을 붙여 신성로마제국이라고 불렀어.

한때 전 유럽에 세력을 떨쳤던 프랑크 왕국은 843년 베르됭 조약(제6장 참조)으로 동, 서, 중 세 곳으로 분리되었어. 동프랑크는 오늘날 독일의 기원이 되고, 서프랑크는 프랑스, 중프랑크는 이탈리아의 기원이 되는 나라야.

이들 중 동프랑크 왕국은 918년 독일 왕국으로 바뀌었고, 독일 왕국의 왕 오토 1세는 962년 이탈리아 지역을 정벌하고 나서 로마 교황으로부터 대관을 받았어. 이는 곧 로마 제국의 부활이자 교황과도 매우 밀접한 관계를 유지한다는 증표가 되었지. 이때부터 오토 1세가 다스리는 독일 지역은 신성로마제국이라는 이름을 갖게 되었어.

처음 신성로마제국은 강력한 중앙 집권적인 국가였어. 그런데

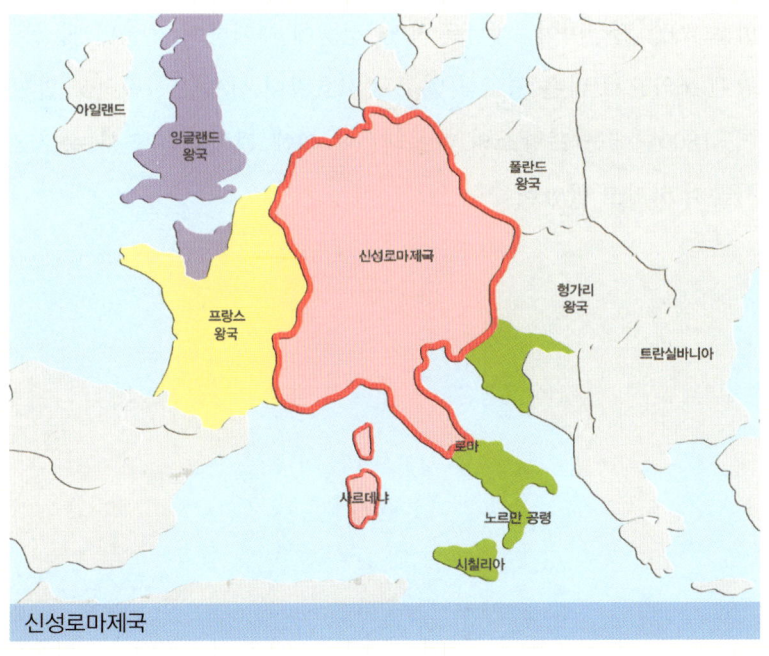

신성로마제국

차츰 이탈리아 지역에만 관심을 갖고 독일 지역은 소홀히 한 나머지 여러 제후들에 의해 분할 상태가 되었고, 제국의 힘은 많이 약해지게 되었어. 이런 상태의 제국에 결정타를 먹인 사건이 있었으니

바로 30년 전쟁이야. 제국은 30년 전쟁에 패배하여 체결된 베스트팔렌 조약으로 많은 영토를 잃고 종이호랑이 신세로 전락하고 말았어. 1806년에는 프랑스의 나폴레옹에 의해 해체되어 역사 속으로 사라져 버리고 말았어.

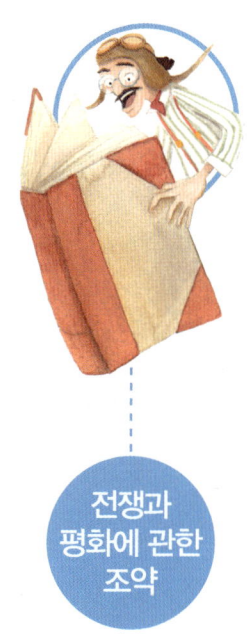

전쟁과 평화에 관한 조약

난징 조약

　난징 조약은 제1차 아편 전쟁이 끝나면서 청나라와 영국이 맺은 조약이야. 동양에서는 서양과 맺은 최초의 근대적 조약이라는 의미가 있어. 하지만 이 조약은 아편 전쟁에서 패배하고 난 뒤 맺은 조약이었기 때문에 청나라 입장에서는 불평등한 조약이었어.
　19세기 초 청나라는 영국과 교류를 시작했는데, 청나라의 차와 비단은 영국에서 인기가 있었던 반면 영국의 모직물과 면화는 청나

① 체결 당사국 : 청나라와 영국
② 체결 시기 : 1842년
③ 체결 장소 : 중국의 난징
④ 체결 이유 : 제1차 아편 전쟁의 종결

라에서 인기를 끌지 못했어. 무역으로 인한 손해를 고민하던 영국은 청나라가 약으로 쓰기 위해 아편(양귀비꽃으로 만든 중독성이 강한 마약)을 수입하고 있다는 것을 알게 되었고, 아편을 팔아 그동안의 손해를 만회하려고 마음먹었어.

아편은 마취 효과가 있어 약으로 소량 사용하는 경우에는 문제가 없지만 장기간 복용하면 정신이 혼미해져서 정상적인 생활을 할 수 없게 만드는 무서운 물질이야. 이런 성질 때문에 청나라에서도 아편을 사고파는 행위는 금지하고 있었지. 그런데 영국이 몰래 아편을 들여와 청나라 상인들에게 팔기 시작했고, 아편 중독자는 점점 늘어났지. 덕분에 영국은 무역에서 큰 이익을 보게 되었어.

아편 중독자가 늘어나자 청나라 조정도 그대로 보고만 있을 수 없었어. 아편의 수입을 전면 금지하고, 특별 관리를 파견하여 철저히 감시하도록 했어. 그리고 영국 상인들로부터 아편을 빼앗아 모두 바닷가에 버렸지. 이렇게 되자 영국도 가만있지 않았어. 막대한 이익을 가져다주는 아편 무역을 포기할 수 없었던 거야.

결국 두 나라는 1840년 6월, 아편 때문에 전쟁을 시작했어. 바로 제1차 아편 전쟁이 터진 거야. 그런데 전쟁은 영국의 일방적인 승리로 끝났어. 청나라는 1842년 8월 난징 인근에 있던 영국 군함 위에서 전쟁 패배를 인정하며 난징 조약을 체결할 수밖에 없었어.

난징 조약의 주요 내용은 다음과 같아.

> 첫째, 청나라는 홍콩을 영국에 넘겨준다.
> 둘째, 청나라는 광저우 외에 샤먼, 푸저우, 닝보, 상하이를 개항한다.
> 셋째, 청나라는 전쟁 배상금 1,200만 달러를 지불한다.

당시 청나라는 홍콩을 영국에 넘겨주는 것에 큰 거부감은 없었다고 해. 대부분 전쟁에서 승리하고 나면 큰 땅덩어리를 요구하기 마련인데, 영국은 최남단의 아주 작은 섬을 요구했기 때문이지. 이때 영국령이 되었던 홍콩은 1997년이 되어서야 다시 중국 땅으로 돌아올 수 있었어.

또 청나라는 엄청난 금액의 배상금을 지불했는데, 당시에는 그야말로 어마어마한 금액이었어. 구체적인 배상금 내역을 살펴보면, 빼앗긴 아편 대금에 대한 보상금으로 600만 달러, 중국 상인들이 진 빚 300만 달러, 그리고 전쟁 배상금 1,200만 달러를 합쳐 총 2,100만 달러야.

난징 조약을 계기로 청나라는 미국, 프랑스 등 다른 서양 나라들과도 불평등 조약을 맺게 되었고, 서양의 정치, 경제적 지배를 받게 되었어. 한때 세계의 중심이라는 '중화사상'을 지닌 중국인들의 자존심은 난징 조약으로 인해 여지없이 무너지게 되었지.

더 알아보기

제2차 아편 전쟁은 어떻게 일어났나?

　제1차 아편 전쟁의 승전국 영국은 난징 조약으로 청나라와의 무역에서 유리한 위치에 섰지만 생각만큼 성과가 나오지 않았어. 그래서 영국은 청나라에 아편 무역을 합법화하고, 더 많은 항구를 개항해 달라고 요구했어. 당연히 청나라 입장에서는 들어줄 수가 없었지.

　이때 이상한 사건이 하나 터졌어. 1856년 광저우 앞바다에 있던 작은 배 '애로호'에 청나라 관리가 올라가 청나라 선원들을 해적 혐의로 체포해 간 사건이야. 애로호는 청나라 사람의 배였지만 선장은 영국인이었어. 영국 선장은 즉각 청나라에 선원들을 풀어 주고, 선원들을 체포하는 과정에서 배에 걸려 있던 영국 국기를 바다에 던져 버린 일에 대해 사과하라고 요구했어. 청나라는 처음부터 국기는 없었고, 사과할 이유도 없다고 주장했지.

　그러자 영국은 이 사건을 구실 삼아 바로 전쟁을 일으켰어. 이것이 바로 제2차 아편 전쟁이야. '애로호 전쟁'이라고도 하는데, 제1차 아편 전쟁의 연장이라고 하여 제2차 아편 전쟁이라고 부른 거야.

　이번에는 프랑스도 영국을 지원하며 전쟁에 뛰어들었기 때문에 청나라는 또 한 번 속수무책으로 영·프 연합군에게 무너지고 말았어. 그리고 1858년 '톈진 조약'이 체결되었어. 톈진 조약으로 인해 영국의 요구대로 개항 항구가 늘어났고, 아편 무역도 합법화되었으며, 배상금도 다시 지불해야 했어.

하지만 청나라 황제였던 도광제는 톈진 조약을 받아들일 수 없다며 거부하고 나섰어. 이에 영국과 프랑스는 세상에서 가장 아름다운 정원이라고 하는 '원명원'을 처참하게 파괴해 버렸어. 결국 도광제도 손을 들었고, 1860년 새롭게 '베이징 조약'이 체결되었어.

이 조약으로 청나라는 앞

도광제

서 체결된 톈진 조약도 이행해야 했고, 톈진을 추가로 개항했으며, 홍콩 주변의 땅인 주룽반도(구룡반도)를 영국에 넘겨주었어. 또 배상금도 톈진 조약 때보다 두 배로 지불해야 했어. 두 번의 전쟁에서 모두 패하는 바람에 청나라는 다시 일어설 수 없을 정도로 처참하게 무너졌고, 결국 망국의 길로 갈 수밖에 없었어.

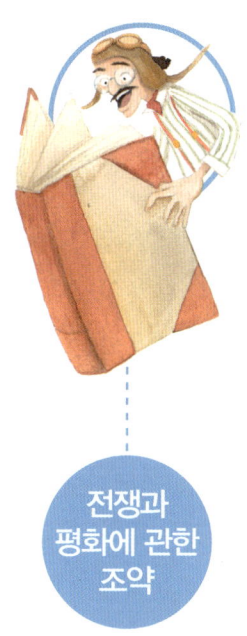

베르사유 조약

제1차 세계 대전과 제2차 세계 대전은 지금까지 인류가 벌인 전쟁 중에서도 가장 피해가 컸던 전쟁으로 기록되고 있어.

20세기 초 유럽의 여러 나라들은 서로 더 많은 해외 식민지를 차지하기 위하여 치열한 경쟁을 벌이고 있었어. 이런 식민지 쟁탈전은 크게 두 세력으로 나뉘었는데 영국과 프랑스, 러시아가 한편이었고, 독일과 오스트리아가 한편이었어.

① 체결 당사국 : 연합국(미국, 영국, 프랑스 등 31개국)과 독일
② 체결 시기 : 1919년
③ 체결 장소 : 프랑스의 베르사유 궁전
④ 체결 이유 : 제1차 세계 대전의 종결

두 세력은 일찍이 북아프리카에서도 식민지 건설을 두고 부딪친 적이 있었는데, 발칸반도(지금의 크로아티아, 슬로베니아, 보스니아, 세르비아, 몬테네그로 등의 국가가 있는 곳)에서 다시 한 번 부딪치면서 세계 대전의 막을 올렸어.

원래 발칸반도는 많은 민족과 종교가 복잡하게 얽힌 곳이었어. 이곳은 오랫동안 오스만 제국의 지배를 받아 왔는데, 오스만 제국의 지배 시기에는 큰 문제가 없었어. 그런데 19세기부터 오스만 제국의 세력이 약화되면서 곳곳에서 민족 운동이 일어나기 시작했고, 종교 문제까지 겹치면서 이곳은 그야말로 갈등과 분쟁의 중심에 서게 되었지. 사람들은 이곳을 언제 터질지 모른다고 하여 '유럽의 화약고'라 부르기도 했어.

이런 상황에서 1914년 오스트리아 황태자 부부가 보스니아의 중심 도시인 사라예보를 방문하게 되었어. 그 당시 사라예보는 오스트리아·헝가리 제국의 지배 아래 있었는데, 원래 이곳은 세르비아의 땅이었어. 세르비아 인들은 사라예보가 세르비아에 속해야 한다고 생각했고, 이런 생각에서 세르비아의 한 청년이 사라예보를 방문한 오스트리아 황태자 부부를 권총으로 암살하는 사건을 저지르고

발칸반도

말았어. 제1차 세계 대전은 이 사건 때문에 일어나게 된 거야.

오스트리아는 곧바로 세르비아에 선전 포고를 했고, 러시아가 세르비아를 지원하고 나섰어. 이후 동맹 관계에 있는 나라들끼리 전쟁에 가담하면서 유럽 전체가 전쟁터가 되어 버렸어. 영국, 프랑스, 러시아, 이탈리아, 일본, 미국이 연합군을 구성하여 독일, 오스트리아, 불가리아, 오스만 제국의 동맹국에 대항하는 전쟁이 되었던 거야.

여러 나라가 참여하다 보니 결국 전쟁은 장기화되었고, 곳곳에서 전쟁에 반대하는 목소리가 높아졌어. 미국은 처음에는 전쟁에 참가하지 않고 전쟁 물자를 팔아 막대한 이익을 남겼는데, 독일이 무제한 잠수함 공격을 계속하자 전쟁 참가를 결정했어. 막강한 군사력을 가진 미국이 연합국에 가담하면서 동맹국은 무너지기 시작했고, 오스트리아와 오스만 제국이 먼저 항복했어. 1918년, 전쟁에 지친 독일 해군이 폭동을 일으키자 전쟁을 일으킨 독일 황제 빌헬름 2세는 도망쳤고, 독일은 새로 공화국을 선포하면서 무조건 항복했어. 그리고 제1차 세계 대전은 막을 내렸지.

전쟁이 끝나고 난 후 처리 문제를 논의하기 위해 1919년 프랑스 파리에서 연합국과 독일 사이에 회의가 열렸어. 이 회의는 미국의 윌슨 대통령이 주장한 14개 평화 원칙을 바탕으로 이루어졌고, 미국, 영국, 프랑스, 이탈리아의 수상이 참가한 가운데 베르사유 조약의 주요 내용이 논의되었어.

파리 회의에서 결정된 내용을 바탕으로 1919년 6월 28일 파리의 베르사유 궁전 거울의 방에서 연합국 4개국 지도자들은 총 440개 조항으로 이루어진 조약에 서명했어. 조약의 내용은 독일에는 가혹한 것이었지만 전쟁에서 패한 독일 대표단은 조약에 서명할 수밖에 없었어. 베르사유 궁전에서 이루어진 조약이라고 해서 베르사유 조약이라 부르게 된 거야.

베르사유 조약의 주요 내용은 다음과 같아.

첫째, 전 세계가 평화와 안보, 협력을 위해서 국제 연맹을 설립한다.

> 둘째, 독일은 전쟁의 모든 책임을 지면서 영토 일부와 해외 식민지를 모두 연합국에 넘겨준다.
> 셋째, 독일은 모든 군함과 전차, 항공기, 대포 등을 연합국에게 넘겨주고, 육군은 10만 명 이하의 군인만 가질 수 있고, 해군은 10만 톤 이하의 군함만 보유할 수 있으며, 공군은 만들 수 없다.
> 넷째, 독일은 연합국에게 1,320억 마르크의 배상금을 지불한다(이 금액은 당시 독일 국민 전체가 2~3년간 한 푼도 쓰지 않고 모아야 하는 천문학적인 금액이었다고 함).

베르사유 조약으로 프랑스와 덴마크, 벨기에는 독일의 일부 영토를 얻게 되었고, 폴란드와 리투아니아도 자기 몫을 챙겼어. 또 영국과 프랑스는 동아프리카 지역의 독일 식민지들을 나눠 가졌고, 벨기에도 일부 지역을 차지했어. 결국 독일은 해외 식민지들을 통해서 얻은 모든 이익을 잃게 되었지.

베르사유 조약은 독일에는 너무나 가혹한 내용이었어. 베르사유 조약으로 독일은 10%가량의 국토와 인구를 잃었고, 전체 해외 식민지를 모두 잃고 말았어. 뿐만 아니라 막대한 전쟁 배상금을 물어야 해서 그야말로 독일은 파탄에 직면할 수밖에 없었어.

독일 국민들 입장에서는 억울하고도 비참한 심정이었을 거야. 이런 시기에 독일 국민들의 심정을 이용하여 권력을 잡고 세계 전쟁을 일으킨 사람이 있었으니 그가 바로 제2차 세계 대전을 일으킨 독일의 히틀러야. 결과적으로는 베르사유 조약이 또 한 번의 세계 전쟁을 일으킨 원인이 되었던 거지.

독일은 어마어마한 전쟁 배상금을 다 지불했을까?

애초에 전쟁 배상금은 터무니없는 금액이었어. 왜냐면 프랑스가 독일의 경제를 파탄시켜서 다시는 일어서지 못하도록 하려는 속셈이 작용한 결과였거든.

아무튼 베르사유 조약에서는 독일에게 1,320억 마르크라는 어마어마한 전쟁 배상금을 갚도록 했고, 독일의 상황을 감안하여 매년 20억 마르크씩 총 66년 동안 갚으라고 결정했어. 독일은 전쟁 패배로 경제가 지극히 어려운 상황이었기 때문에 매년 20억 마르크까지 갚게 되면 결국엔 나라가 파탄 날 거라 생각했지.

결국 독일은 35억 마르크만 배상하고 더 이상 배상금을 지불할 수 없다고 선언했어. 그러자 프랑스는 독일의 주요 산업 단지 중 하나인 루르 공업 지대를 점령해서 여기에서 나오는 상품을 팔아 배상금 대신 받았어.

이렇게 되자 독일은 더욱 빚에 쪼들리게 되었고, 결국 특단의 조치를 취했어. 특단의 조치란 화폐를 마구 발행해 빚을 갚는 거였어. 그런데 시중에 화폐가 쏟아지면 어떻게 될까? 물가는 상승하고 화폐 가치는 떨어져서 결국은 더 어려운 상황에 처하게 되지. 1,000원하던 빵이 나중에는 1억 원이 되고, 화폐는 휴지 조각이 되는 거야.
 상황이 이렇게 되자 독일 국민들은 거의 자포자기 상태가 되었고, 이런 국민들의 심리를 이용한 히틀러는 제2차 세계 대전이라는 엄청난 일을 저지른 거지.

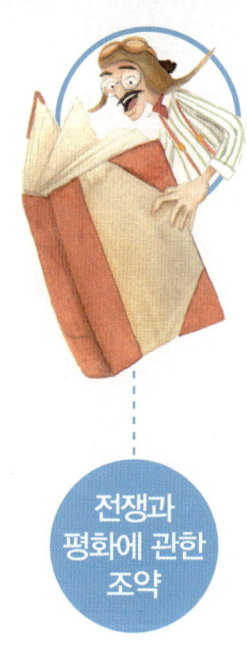

전쟁과 평화에 관한 조약

영국-아일랜드 협정

　영국-아일랜드 협정은 두 나라 간 전쟁을 종식시키고, 서로 평화를 이룩하자는 취지에서 체결된 조약이야. 영국과 아일랜드는 종교 문제와 민족 문제가 복잡하게 얽혀 있어서 거의 천년 가까이 갈등을 빚어 왔던 나라야.
　오늘날 우리가 알고 있는 영국, 한때 해가 지지 않는 나라라고 불렸던 대영 제국은 국가 구성이 몇 개의 자치 정부로 이루어져 있

① 체결 당사국 : 영국과 아일랜드
② 체결 시기 : 1921년
③ 체결 장소 : 영국 런던
④ 체결 이유 : 영국과 아일랜드 간 분쟁 해결

는 조금 독특한 형태의 나라야. 바로 이런 독특한 구성 때문에 그동안 분란이 있었고, 현재까지도 각 자치 정부들은 영국으로부터 독립을 꿈꾸고 있기도 해.

영국의 정식 명칭은 '그레이트브리튼 및 북아일랜드 연합 왕국'이야. 조금 더 구체적으로 말하면 영국은 그레이트브리튼 섬을 이루고 있는 잉글랜드, 웨일스, 스코틀랜드 3개의 지역과 아일랜드섬 북쪽의 북아일랜드 지역을 포함하여 총 4개 지역이 연합하여 구성된 나라야. 옛날에는 아일랜드까지 모두 영국의 일원이었는데, 아일랜드는 영국과의 끊임없는 투쟁으로 독립을 쟁취하여 독립 국가가 되었지.

그렇다면 영국과 아일랜드는 왜 그토록 오랜 세월 동안 갈등 관계에 놓이게 되었을까? 영국이 바로 옆에 위치해 있던 아일랜드섬을 침략한 것은 12세기경이었어. 16세기 헨리 8세 때에는 아일랜드를 완전히 지배하게 되었고, 이후부터 아일랜드 사람들의 독립을 위한 투쟁은 계속되었지.

이런 상황에서 16세기 중반부터는 종교 갈등까지 낳게 되었어. 영국 본토에서 신교를 믿는 많은 이주민들이 아일랜드에 들어와서

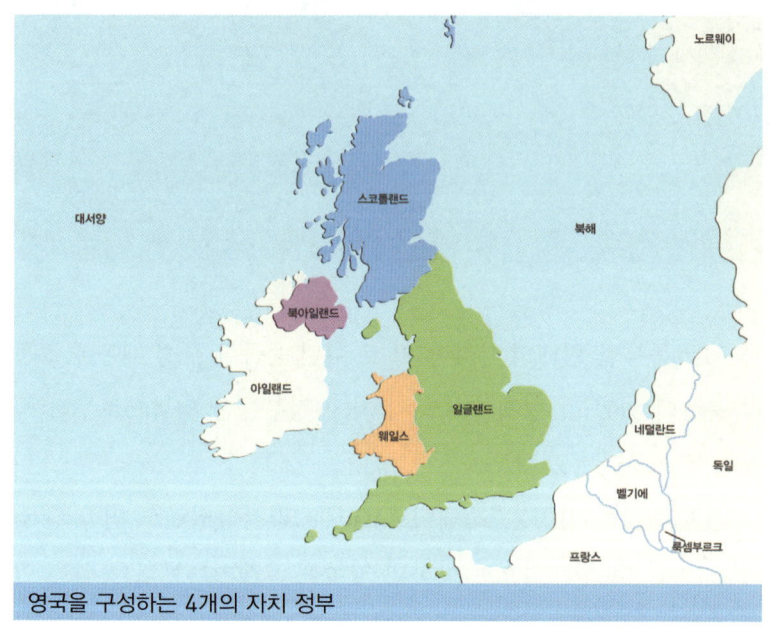

영국을 구성하는 4개의 자치 정부

자신들의 종교를 강요하고, 토지를 강탈하기 시작했던 거야. 원래부터 아일랜드는 가톨릭을 믿는 사람들이 많았는데, 이주민들이 들어와서 신교를 강요하자 두 세력 간 충돌이 일어났어. 영국 정부도 당시에는 가톨릭과 단절하고 신교를 받아들였기 때문에 신교를 믿는 이주민 집단에 더 우호적이었어. 아일랜드 사람들로서는 영국에 대한 반감이 더 깊어질 수밖에 없었지.

 아일랜드 사람들은 17세기 말부터 영국에 반기를 들고 대항했어. 하지만 영국에게 패하였고, 그에 대한 보복으로 대부분의 토지를 빼앗기고 많은 사람들이 국외로 추방당하기까지 했어. 또 종교의 자유와 교육을 받을 권리까지 박탈당하고 말았지.

이후 몇몇 지도자들이 아일랜드의 독립을 위해 노력했지만 큰 성과를 거두지 못했어. 이렇게 되자 아일랜드 내에서는 점차 과격한 무장 단체들이 독립운동을 전개하기 시작했고, 무장 단체들의 테러 활동은 영국 입장에서는 아주 큰 근심거리였어.

영국이 아일랜드에 대한 입장을 바꾸고 어느 정도의 자치권을 인정하기로 마음먹은 것은 제1차 세계 대전이 일어나기 직전이었어. 그런데 제1차 세계 대전이 일어나자 그 약속이 연기되었고, 영국에 대한 아일랜드 사람들의 반감과 독립의 열망은 최고조에 달했어.

결국 아일랜드는 1919년 1월 독립을 선언하고, 영국과의 무장 투쟁을 전개했어. 무장 단체의 대표 격인 아일랜드 공화군(IRA)은 아일랜드에서 영국군을 몰아내기 위하여 치열하게 싸웠어. 그리고 전 세계에 자신들의 독립 의지를 알리려는 노력도 함께했지.

국내외에서 영국에 대한 비난 여론이 거세지자 영국도 더 이상은 버틸 수가 없었어. 1921년 7월 영국은 아일랜드 공화군과 휴전을 맺고, 아일랜드의 독립 문제를 논의하기 시작했어. 독립 논의 5개월 후인 1921년 12월, 영국과 아일랜드는 평화 협정을 체결했어.

영국과 아일랜드가 맺은 평화 협정의 주요 내용은 다음과 같아.

> **첫째,** 영국군은 아일랜드에서 대부분 철수하고, 일부 항구에 대해서만 영국 해군이 주둔한다.

> **둘째**, 아일랜드 자유국은 호주, 캐나다처럼 영국의 연방 국가로 인정받으며, 영국 국왕이 아일랜드 자유국의 국가 원수가 된다.
> **셋째**, 북아일랜드는 아일랜드에 남을지 영국에 남을지 스스로 결정하고, 만약 영국에 남기를 원하면 아일랜드 자유국과 그 경계를 정한다.

영국과 아일랜드 간 협정으로 북아일랜드는 아일랜드에서 분리되어 영국에 남게 되었는데, 이는 또 다른 분란을 일으키게 되는 요인이 되었어. 영국에 남는 것을 반대한 일부 독립 세력들이 계속해서 반대 투쟁을 벌였기 때문이야. 이런 반대 투쟁이 어느 정도 가라앉고 난 뒤 1925년 영국과 아일랜드, 북아일랜드 대표들은 아일랜드와 북아일랜드의 국경선을 공식적으로 확정했어.

이후 아일랜드는 제2차 세계 대전이 끝난 후 1949년 영국 연방에서 탈퇴하고, 완전한 주권 국가가 되었어. 비로소 아일랜드 공화국이 탄생하게 된 거야.

더 알아보기

북아일랜드는 왜 아일랜드와 분리되어 영국에 남게 되었을까?

　16세기경 영국의 식민지가 된 아일랜드는 이후 영국 본토에서 신교를 믿는 사람들이 대거 이주해 왔어. 그들이 처음 정착한 곳은 북아일랜드 지역이었어. 아일랜드 사람들은 대대로 가톨릭을 믿어 왔는데, 영국 본토에서 온 이민자들은 가톨릭 신자들을 몰아내고 북아일랜드 대부분을 차지했어. 그러고는 가톨릭을 믿는 아일랜드 사람들을 차별하고 억압하기 시작했지. 아일랜드에서 독립 투쟁이 전개된 것도 바로 이런 차별과 억압 때문이었어.

　영국과 아일랜드 간 평화 협정이 체결되면서 북아일랜드 지역 사람들은 영국에 남기를 바랐어. 왜냐하면 북아일랜드 사람들 대부분이 영국 본토에서 건너온 신교를 믿는 이민자들이었고, 그들은 아일랜드가 영국과 완전히 분리되면 가톨릭을 믿는 아일랜드 사람들이 자신들을 차별할 것이라고 생각했기 때문이야. 그래서 북아일랜드는 영국에 남기를 원했던 거야.

　그런데 북아일랜드 지역에는 신교를 믿는 이민자들이 다수였지만 그곳에는 가톨릭을 믿는 아일랜드 사람들도 살고 있었어. 이들은 북아일랜드가 영국에 남는 것을 당연히 반대했지. 북아일랜드가 아일랜드와 완전히 분리되면 그동안 신교 이민자들에게 받았던 차별과 억압이 더 심해질 거라고 판단했기 때문이야.

　이런 상황에서 북아일랜드가 아일랜드에서 분리되어 영국에 남게 되자 북아일랜드 지역에서는 내란이 일어날 수밖에 없었어. 가톨릭을 믿는 북아일랜드 내 사람들은 다시 아일랜드 공화군을 만들어 북아일랜드 정부와 영국에 대항했어. 두 세력 간 분쟁은 1990년대까지 이어졌어.

　두 세력 간 피의 보복이 이어지자 세계는 한목소리로 평화와 화해를 요구했고, 1998년 '성금요일 협정'이 맺어지게 되었어. 이 협정의 주요 내용은 북아일랜드 사람들 대부분이 원한다면 북아일랜드는 영국의 일부로 남고, 주민 각자의 선택으로 영국과 아일랜드 국적 모두를 가질 수 있다는 거야. 또한 북아일랜드 정부는 가톨릭을 믿는 북아일랜드 내 주민들을 차별하지 않고, 아일랜드 공화군은 무장을 해제한다고 약속했어.

　협정 이후 두 세력은 어느 정도 평화를 회복하긴 했지만 갈등이 완전히 해소된 것은 아니었어. 일부 아일랜드 공화군 내의 과격파들로 인해 한동안 유혈 사태는 계속되었고, 지금도 그 갈등은 완전히 끝나지 않았어. 2005년에는 아일랜드 공화군이 완전히 무장 해제를 했다는 선언이 나오긴 했지만 최근까지 작은 테러들이 일어나고 있는 것을 보면 북아일랜드에 완전한 평화가 오기까지는 시간이 더 필요한 것 같아.

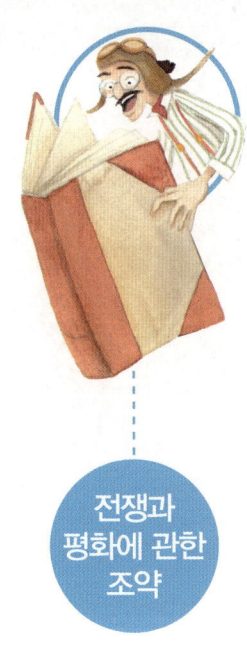

전쟁과 평화에 관한 조약

북대서양 조약

　북대서양 조약은 제2차 세계 대전 후 소련을 대표로 하는 공산주의 세력을 견제하기 위해서 자유 민주주의 진영의 국가들이 맺은 집단 안보 조약이야. 우리에게는 조약보다도 이 조약으로 인해 만들어진 '북대서양 조약 기구(NATO: 나토)'가 더 많이 알려져 있지.
　제2차 세계 대전이 끝난 후 전 세계는 전쟁의 참혹함에 대해서 많은 반성을 하게 되었고, 전쟁의 주 무대가 되었던 유럽의 많은 국

> ① 체결 당사국 : 미국, 영국, 프랑스 등 12개국
> ② 체결 시기 : 1949년
> ③ 체결 장소 : 미국 워싱턴
> ④ 체결 이유 : 소련과 동유럽 공산권을 경계하기 위한 서방의 안보 동맹

가들은 유엔(UN: 국제 연합) 외에 유럽 국가들끼리 안보 문제에 대해 평화적인 장치를 마련해 놓아야 한다고 생각했어.

이런 와중에 세계는 미국을 중심으로 하는 자유주의 진영과 소련을 중심으로 하는 공산주의 진영으로 빠르게 나누어지고 있었어. 특히, 소련은 제2차 세계 대전 후 동유럽 국가들을 군사적으로 점령하면서 공산주의 세력을 확대하고 있었지.

1946년 영국은 유럽 내에서 소련의 세력 확대를 경계하며 유럽 국가들끼리 '대서양 동맹'을 맺자는 의견을 내놓았어. 미국 또한 처음에는 신중한 입장을 취하다가 소련이 점차 중부 유럽까지 세력을 확대시키려고 하자 이를 막기 위해 유럽 국가들을 지원하겠다고 선언했어.

먼저 영국과 프랑스는 1947년 상호 방위 조약인 '덩케르크 조약'을 맺어 서로 협력할 것을 다짐했어. 이 조약의 핵심은 독일이 다시 세력을 형성하여 전쟁을 일으키지 못하도록 두 나라가 공동으로 대처한다는 것이었지만 앞으로 유럽 국가들의 연합까지 생각한 조약이었어.

이듬해인 1948년 3월에는 영국과 프랑스, 벨기에, 네덜란드, 룩

북대서양 조약 체결 장면

셈부르크 등 5개 나라가 집단 안보 체제를 마련하기 위해 '브뤼셀 조약'을 체결했어. 사실, 이 조약이 있기 한 달 전에 소련은 체코슬로바키아를 공산화했는데, 소련의 이 같은 행동은 유럽 국가들의 집단 안보 동맹을 더욱 가속화시키는 결과를 낳았어. 미국 또한 소련의 침략 행위에 반발하며 브뤼셀 조약을 지지한다고 발표했어.

브뤼셀 조약이 체결되고 3개월 후 소련은 베를린 봉쇄라는 극단적인 카드를 빼들었어. 당시 독일은 4개의 지역으로 나뉘어 미국, 영국, 프랑스, 소련이 분할 통치하고 있었어. 그런데 미국, 영국, 프랑스가 관할하고 있던 서베를린으로 가기 위해서는 소련 관할 지역을 통과해야만 되는데, 소련은 서베를린으로 가는 이 통로를 봉쇄해 버렸던 거야.

소련의 베를린 봉쇄는 미국, 영국, 프랑스가 관리하는 서독 지역의 경제 개혁에 반발하며 나온 조치였고, 소련의 이런 행동은 자유주의 진영과 공산주의 진영의 갈등 관계만 깊어지는 결과를 초래했어.

소련의 행동이 점차 거칠어지자 브뤼셀 조약 당사국들은 미국의 경제적인 원조와 군사적 지원 없이 소련에 대항하는 것은 어렵다고 판단했어. 그래서 미국과 캐나다에 집단 방위 체제를 마련하자는 의견을 계속해서 제안했어.

미국도 더 이상은 유럽 국가들의 요구에 무관심할 수 없었어. 1949년 4월, 미국 워싱턴에서는 브뤼셀 조약 당사국들과 미국, 캐나다, 이탈리아, 포르투갈, 노르웨이, 덴마크, 아이슬란드 등 12개국이 참가하여 집단 안보 동맹을 약속했어. 이 약속이 바로 '북대서양 조약'이야.

북대서양 조약의 주요 내용은 다음과 같아.

> 첫째, 체결 당사국의 영토나 정치적인 독립이 위협받을 경우 문제 해결을 위해 서로 협력한다.
> 둘째, 어떤 세력이 체결 당사국을 무력으로 공격하였을 경우, 이는 전체 체결 당사국에 대한 공격으로 간주하여 무력을 사용해서라도 북대서양의 평화 회복을 위해 노력한다.
> 셋째, 체결 당사국은 이 조약의 실행을 위한 이사회를 구성하고, 산하 기구를 둔다(이 조항에 의해 북대서양 조약 기구가 만들어지게 됨).
> 넷째, 체결 당사국은 다른 유럽 국가들의 추가 가입을 만장일치로 결정한다.

북대서양 조약이 체결되고 난 후 1955년에는 서독이 이 조약에 가입하면서 세계는 반공 체제가 더욱 강화되는 분위기였어. 그러자 소련도 가만히 앉아 있을 수 없었지. 소련은 공산주의 진영의 나라들끼리 안보 동맹을 맺어 대항했는데, 이때 맺은 안보 동맹이 '바르샤바 조약'이고, 이 조약에 의해 탄생한 기구가 '바르샤바 조약 기구'야.

북대서양 조약과 바르샤바 조약은 미국과 소련의 냉전 구도가 더욱 구체화되는 계기가 되었고, 세계는 한동안 민주주의와 공산주의의 대립으로 남게 되었어.

현재 북대서양 조약 기구에는 모두 29개국이 가입해 있어. 처음 12개국 외에 1952년에는 그리스와 터키, 1955년에는 독일(당시 서독), 1982년에는 스페인이 추가로 가입했고, 1991년 소련이 해체되고 난 후에는 동유럽의 많은 나라들까지 가입하게 되었어.

바르샤바 조약은 어떻게 체결되었나?

바르샤바 조약은 북대서양 조약에 대항하기 위해 소련이 주도하여 만든 공산주의 진영의 집단 안보 동맹이야.

이 조약이 체결된 직접적인 계기는 서독의 북대서양 조약 가입 때문이었어. 소련 입장에서는 서독의 가입으로 동독마저 영향을 받지 않을까 하는 우려에서 나온 생각이었지. 하지만 소련은 더 큰 욕심을 가지고 있었어. 자신들이 관리하고 있는 공산권 세력 국가들을 더 확실하게 통제하려는 속셈이 있었던 거지.

소련은 1955년 5월 폴란드의 바르샤바에서 폴란드, 체코슬로바키아, 동독, 헝가리, 루마니아, 불가리아, 알바니아 등 8개국과 군사 동맹, 즉 바르샤바 조약을 체결했어.

조약의 핵심 내용은 군사 동맹이지만 이 조약으로 인해 소련은 동맹국 영토 내에 소련군을 주둔할 수 있게 되었고, 공산주의 진영을 확실하게 감시하면서 간섭할 수 있게 되었어.

바르샤바 조약에 처음 금이 간 것은 소련의 체코슬로바키아 점령이었어. 체코슬로바키아가 언론의 자유를 허용하고 서독과의 관계를 도모하려고 하자, 1968년 8월 소련은 체코슬로바키아를 점령해 버렸어. 소련의 이 같은 행동에 먼저 알바니아가 반발하였고, 그해 9월 조약에서 탈퇴했어.

　1989년 10월에는 헝가리가 정권이 바뀌면서 탈퇴했고, 그해 12월에는 루마니아도 정권이 바뀌면서 탈퇴해 버렸어. 1990년 10월에는 독일이 통일되면서 동독도 탈퇴했고, 1991년에는 조약의 중심 세력인 소련마저 해체되면서 바르샤바 조약 또한 해체되고 말았어.

　조약 해체 8년 후인 1999년 3월에는 바르샤바 조약의 회원국이었던 체코, 폴란드, 헝가리가 북대서양 조약 기구에 가입하면서 북대서양 조약은 유럽에서 한층 더 힘을 얻게 되었어.

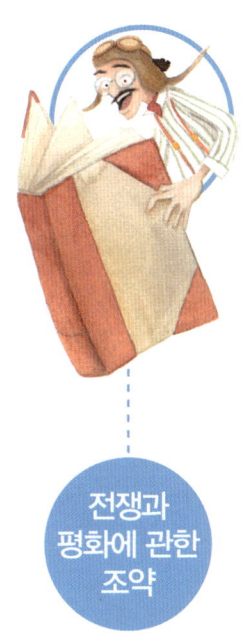

샌프란시스코 평화 조약

　샌프란시스코 평화 조약은 제2차 세계 대전이 끝나고 난 후 전후 처리 문제를 결정하기 위하여 연합국과 마지막까지 저항한 일본 사이에 체결된 조약이야. 전쟁은 1945년 8월, 일본의 무조건 항복으로 끝이 났지만 미국과 소련의 대립으로 합의점을 찾지 못하다가 1951년이 되어서야 조약을 체결할 수 있었어.
　연합국과 일본이 당사국이 된 데에는 마지막까지 일본과 전쟁을

> ① 체결 당사국 : 연합국(미국, 영국, 프랑스 등 48개국)과 일본
> ② 체결 시기 : 1951년
> ③ 체결 장소 : 미국의 샌프란시스코
> ④ 체결 이유 : 제2차 세계 대전의 처리 문제

수행한 연합국이 55개국이나 되었기 때문이야. 그중에서 이런 저런 이유로 몇 개 나라는 조약에 참가하지 않았고, 48개국만 조약에 서명했어.

제2차 세계 대전은 1939년부터 1945년까지 독일, 이탈리아, 일본이 중심이 된 동맹국과 영국, 프랑스, 미국, 소련을 중심으로 한 연합국 사이에 일어난 세계 전쟁이야. 이 전쟁은 인류 역사상 가장 큰 인명 피해와 재산 피해를 낳은 전쟁으로 기록되고 있어. 정확한 통계는 나와 있지 않지만 대략 군인과 민간인 합쳐 6천만 명 이상이 사망했다고 전해지고 있어.

제1차 세계 대전이 끝난 후 독일은 국가 재정이 거의 바닥이 나고 말았어. 미국은 독일에 돈을 빌려주기도 하고 전쟁 배상금을 줄여 주기도 했지만 1929년 세계 경제 대공황으로 인해 미국뿐 아니라 전 세계가 경제적 어려움에 직면하게 되었어.

이런 혼란 속에서 나타난 히틀러는 독일 민족의 우수성과 새로운 독일 건설을 주장하면서 국민들의 지지를 받아 기존 정권을 무너뜨리고 권력을 잡았어. 그리고 곧바로 빼앗긴 식민지를 되찾으려고 군대를 키우기 시작했지.

1939년, 독일의 히틀러는 아무런 선전 포고도 없이 폴란드를 침공했어. 영국과 프랑스는 곧바로 독일에게 철수하라는 최후통첩을 보냈지만 독일은 꿈쩍도 하지 않았어. 이에 영국과 프랑스는 독일에 전쟁을 선포했고, 이렇게 해서 제2차 세계 대전은 시작되었어.

아돌프 히틀러

전쟁이 시작되자 독일은 이탈리아, 일본과 동맹을 맺었고, 이에 대항하여 영국과 프랑스, 미국, 소련 등은 연합국을 형성하여 이들에게 맞섰어. 초기에는 독일이 파죽지세로 주변 나라들을 점령하기 시작했고, 프랑스 파리까지 점령하는 성과를 올렸어.

하지만 영국과 소련과의 전투에서는 반격을 허용하고 말았어. 그 사이 일본은 아시아 지역을 차례로 점령하면서 당시 최강이라는 미국에 도전장을 내밀었어. 바로 하와이주의 진주만을 기습 공격한 거야. 그동안 유럽에 일어난 전쟁을 지켜보기만 했던 미국은 곧바로 일본에 선전 포고를 하고 전쟁에 뛰어들었어.

미국이 전쟁에 참가하면서 전세는 연합국 쪽으로 기울기 시작했어. 미국은 태평양에서 일본과의 전쟁에서 승리를 거두었고, 영국은 이집트에서 미국의 도움을 받아 독일과 이탈리아군을 격파했어.

이탈리아는 결국 1943년 항복을 선언했어.

1944년 6월에는 미국의 아이젠하워 장군이 이끄는 연합군이 노르망디(프랑스 서북부 지방) 상륙 작전으로 독일군을 격파하였고, 프랑스의 다른 지역에서도 모두 독일군에 승리했어. 독일은 점차 세력이 약해졌고, 연합군은 1944년 8월 파리를 탈환했어.

한편, 소련도 독일의 동부쪽을 공격하여 폴란드의 바르샤바와 헝가리의 부다페스트까지 점령하여 들어갔어. 1945년 4월, 마침내 소련은 베를린을 점령하였고, 히틀러는 자살하고 말았어. 독일은 1945년 5월 연합군에 무조건 항복했고, 유럽에서의 전쟁은 막을 내렸어.

하지만 일본은 여전히 전쟁을 멈추지 않았어. 이에 연합국 대표들은 1945년 7월 독일의 포츠담에 모여 일본에 무조건 항복을 요구하기로 합의했어. 일본은 연합국의 요구를 거부했고, 결국 미국은 1945년 8월, 일본의 히로시마와 나가사키 두 도시에 원자 폭탄을 투하했어. 원자 폭탄의 위력을 알게 된 일본은 8월 15일 무조건 항복했고, 제2차 세계 대전은 막을 내리게 되었어.

전쟁은 끝이 났지만 전쟁 후의 처리 문제에 대해서는 한동안 결정을 하지 못했어. 미국과 소련의 대립으로 합의점을 찾지 못했기 때문이야.

1951년이 되어서야 제2차 세계 대전의 처리 문제를 놓고 연합국 48개국과 일본 사이에 강화 조약이 미국의 샌프란시스코에서 체결되었어. '샌프란시스코 평화 조약'이라고도 하고, '대일 강화 조약'이라고도 불러.

샌프란시스코 평화 조약의 주요 내용은 다음과 같아.

> **첫째,** 체결 당사국은 대한민국의 독립을 승인한다.
> **둘째,** 일본은 대만과 사할린 남부에 대해 일체의 권리를 포기한다(이 조약으로 일본은 아시아 지역에서의 모든 권리를 잃었고, 이후 전개된 아시아 각국과의 협상에서 전쟁 배상금까지 지불하게 되었음).
> **셋째,** 일본이 점령하고 있던 남태평양 지역과 일본의 오키나와는 미국이 신탁 통치한다(이 조약으로 일본은 대부분의 해외 식민지를 잃었고, 미국에 의해 통치를 당하는 상황에 놓이게 되었음).
> **넷째,** 일본은 모든 해외 자산과 조약 체결국에 대한 청구권을 포기한다(이 조약으로 일본은 해외에 건설했던 광산이나 철도 등에 대한 소유권을 모두 잃게 되었음).

　샌프란시스코 평화 조약이 체결되면서 일본은 아시아 지역에서의 모든 권리와 해외 식민지를 잃었고, 아시아 지역 국가들에게는 전쟁 배상금까지 지불하게 되었어. 우리나라도 공식적으로 독립을 승인받게 되었지.
　그런데, 이 조약은 몇 가지 문제점을 남기기도 했어. 조약은 연합국과 일본이 당사자로 되어 있지만 실질적으로 미국과 영국의 주도로 이루어졌고, 소련은 이 조약에 반발하며 서명하지 않았어. 또 전쟁 중 막대한 피해를 입었던 우리나라와 중국은 이 조약에 참가하지도 못했어. 당시 중국은 공산당과 국민당 간 싸움 중이었기 때문에 어느 한쪽을 대표로 인정하기 어려웠다는 이유로, 우리나라는 한국 전쟁 중이었기 때문에 역시 초대받지 못했어.

그럼에도 불구하고 이 조약은 제2차 세계 대전 후 어느 정도 국제 질서를 유지하는 데 도움이 되었다는 평가를 받고 있어.

제2차 세계 대전을 일으킨 독일은 어떻게 되었나?

　샌프란시스코 평화 조약은 엄밀하게 말하면 연합국과 일본이 체결한 조약이야. 그렇다면 전쟁을 일으킨 독일은 어떻게 되었을까? 오히려 더 큰 책임을 물어야 하지 않을까?

　사실, 독일 문제는 조금 복잡한 상황이 얽혀 있었어. 1945년 2월, 연합국의 승리가 거의 확실시되자 미국, 영국, 소련의 대표들은 크림반도의 얄타에서 모여 독일 문제를 논의했어. 회의 끝에 독일을 4개 지역으로 나누어, 미국, 영국, 프랑스, 소련이 각각 점령하기로 결정했어.

　전쟁 후 독일은 얄타 회담의 결과에 따라 4개의 지역으로 나누어졌어. 다시는 독일이 힘을 합쳐서 전쟁을 일으키지 못하도록 하려고 분할 통치라는 결정을 내렸던 거야. 물론 전쟁 배상금 문제도 논의가 되었지만 미국과 소련의 대립으로 아무런 합의점도 찾지 못하고 흐지부지되고 말았어.

　이후 독일은 세계가 민주주의 진영과 공산주의 진영으로 나누어지면서 두 진영으로 분리되었어. 1949년 미국, 영국, 프랑스가 관리하던 지역은 독일 연방 공화국(서독)으로, 소련이 관리하던 지역은 공산 국가인 독일 민주 공화국(동독)이 되었어.

　분단 이후 동독은 큰 발전을 이루지 못했고, 서독은 '라인강의 기적'을 이루며 급속한 발전을 이룩했지. 서독이 이렇게 짧은 시간 발전할 수 있었던 것은 소련의 팽창을 저지하기 위한 미국의 전폭적인 지원 덕분이었어.

　이후 동독과 서독의 경제력은 갈수록 차이가 났고, 1980년대부터 불어온 자유화 바람은 더욱 동독 사람들의 마음을 움직이기 시작했어. 1989년 11월, 두 나라 사이에 길게 쌓아 놓은 베를린 장벽이 무너지면서 동독도 무너졌고, 1990년 선거를 통해 독일은 마침내 하나가 되었어.

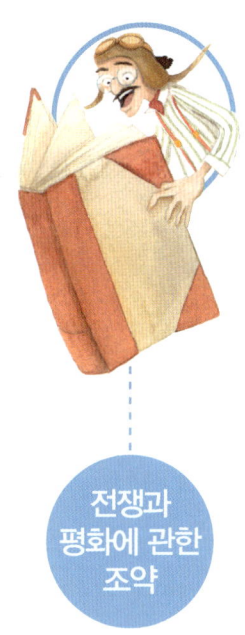

전쟁과 평화에 관한 조약

핵 확산 금지 조약

핵 확산 금지 조약은 인류를 위협하는 핵무기의 확산을 막기 위해 핵무기를 만들지 말자고 한 약속이야.

제2차 세계 대전 이후 세계는 핵무기의 위험성을 알게 되었어. 일본에 떨어진 원자 폭탄의 위력은 정말 상상 이상이었기 때문이야. 그런데 이런 핵무기의 위험성을 알면서도 일부는 핵무기 개발에 열을 올리고 있었어. 핵무기만 있으면 강대국이 될 수 있기 때문이지.

① 체결 당사국 : 미국, 영국, 소련 등 53개국
② 체결 시기 : 1968년
③ 체결 장소 : 미국의 뉴욕
④ 체결 이유 : 인류를 위협하는 핵무기의 억제

    제2차 세계 대전이 끝난 후, 세계는 미국과 소련의 두 강대국 체제로 바뀌었어. 두 나라는 이미 핵무기를 보유하고 있었지만 다른 나라들이 계속해서 핵무기 개발을 시도하자 두 나라 입장에서는 반가운 일이 아니었어. 경쟁국이 많이 생기는 것도 문제였지만 무엇보다 이런 핵무기가 많아진다면 전 세계가 위험에 빠질 거라고 판단했던 거야.

    그래서 핵무기를 개발하지 말자는 목소리는 미국과 소련에 의해 먼저 나오게 되었어. 그 노력의 일환으로 1957년 '국제 원자력 기구'가 창설되었어. 원자력이 전쟁 무기로 사용되는 것을 막고, 원자력을 사용할 때에도 방사능 물질의 피해가 없도록 전 세계가 공동으로 관리하자는 취지에서 만든 국제기구야. 원자력을 사용하면 방사능 물질이 발생하는데, 이 물질은 오랫동안 인체와 동식물, 자연에 치명적인 피해를 입히는 물질이야.

    하지만 이런 노력에도 불구하고 많은 나라들이 핵무기를 만들기 위한 실험을 물밑에서 진행하고 있었어. 그 결과 영국, 프랑스도 핵무기를 보유하게 되었고, 뒤이어 서독, 일본, 파키스탄, 이스라엘, 인도, 북한도 핵무기를 보유하기 위한 실험을 계속 진행했어.

국제 원자력 기구

　상황이 이렇게 되자 미국과 영국, 소련은 1963년 핵무기 실험을 금지하는 '부분적 핵 실험 금지 조약'을 만들었어. 핵 실험을 금지하면 핵무기도 만들 수 없다는 판단에서 나온 조치였어.

　그런데 1964년 중국이 핵 실험에 성공하자 미국과 소련은 핵무기의 확산을 막는 데 더욱 적극적인 입장을 취하게 되었어. 곧이어 1965년 6월, 핵무기 확산을 막기 위한 협상이 시작되었어. 협상은 시작되었지만 조약의 내용을 둘러싸고 좀처럼 의견이 일치되지 않았지. 거의 3년간이나 협상은 계속되다가 유엔에서 조약 체결을 촉구하는 결의안이 채택되자 그때서야 합의를 이루어 낼 수 있었어.

　1968년 7월 뉴욕에서 미국, 영국, 소련 등 53개국이 참가하여 핵 확산 금지 조약을 체결했어. 하지만 이 조약에는 핵을 보유하고 있던 중국과 프랑스가 참가하지 않았고, 핵 개발 중이었던 인도, 이스라엘도 참가하지 않아 문제점을 드러낸 조약이었어.

핵 확산 금지 조약의 주요 내용은 다음과 같아.

> 첫째, 핵무기를 보유한 나라는 핵무기나 핵무기의 기술을 다른 나라에 지원하지 않는다.
> 둘째, 핵무기를 보유하지 않은 나라는 핵무기와 관련된 그 어떤 지원도 받지 않고, 핵무기 개발도 하지 않는다.
> 셋째, 핵을 보유하지 않은 나라는 원자력의 평화적인 사용 여부를 확인받기 위해 국제 원자력 기구의 핵 사찰을 받는다.
> 넷째, 핵무기를 보유한 나라는 핵무기 경쟁을 중지하고, 핵무기 축소를 위해 협의한다.

핵 확산 금지 조약은 인류를 위협하는 핵의 확산을 막기 위해 세계가 노력하고 있다는 측면에서는 긍정적인 평가를 받을 수 있지만 핵을 보유하지 않은 나라 입장에서는 불평등한 조약이었어. 왜냐하면 기존 핵무기 보유 국가는 계속해서 핵무기를 보유할 수 있었기 때문이야. 이 조약이 공정하게 되려면 기존에 갖고 있던 모든 핵무기도 포기하고, 앞으로도 핵무기는 만들지 말자고 약속해야 되는데, 그렇게 하지 않았던 거지.

또 한 가지 불합리한 점은 핵을 보유하지 않은 나라는 핵 사찰을 받아야 한다는 거야. 이 조항 역시 기존 핵무기 보유 국가에게는 적용되지 않았기 때문에 핵을 보유하지 않은 나라들 입장에서는 불합리한 조항이었어.

이런 불합리한 내용 말고도 핵 확산 금지 조약은 여러 가지 면에서 한계점도 드러난 조약이었어. 먼저, 이 조약에 가입하지 않은 나라들의 핵 개발은 막을 수가 없었어. 또 비밀리에 진행되는 핵 개발도 막을 수 없었고, 핵 개발을 목표로 조약에서 탈퇴해도 막을 수가 없었어.

이런 많은 불합리한 점과 한계점이 드러난 조약이었지만 핵 확산 금지 조약은 평화를 바라는 많은 나라의 관심 덕분에 현재는 대다수의 나라가 조약에 가입하여 핵 확산을 막는 데 노력하고 있어.

부분적 핵 실험 금지 조약과 포괄적 핵 실험 금지 조약이란?

부분적 핵 실험 금지 조약은 대기권이나 우주 공간, 그리고 수중에서 핵무기 실험을 금지한다는 조약이야. 이 조약은 미국, 영국, 소련이 주도하여 1963년 8월 모스크바에서 체결되었어.

이 조약은 핵 확산 금지 조약보다 먼저 체결된 조약이야. 핵무기를 보유하기 위해서는 수많은 핵 실험을 해야 하는데, 그 과정에서도 막대한 피해가 발생하기 때문에 핵 실험을 금지하자는 주장이 먼저 나오게 되었던 거야.

1954년 미국은 태평양의 비키니섬에서 핵 실험을 실행했어. 그런데 이 핵 실험으로 인해 섬 주변으로 엄청난 양의 방사능 낙진이 떨어져서 고기를 잡던 어부 13명이 사망하는 사건이 발생했어. 핵 실험 후에는 항상 방사능 물질이 발생하는데, 이 물질은 많은 시간이 지나도 없어지지 않고 사람이나 그 외 모든 동식물에 막대한 피해를 입히는 물질이야. 이 실험 이후 10년이 지나도 비키니섬 주변은 방사능 물질이 존재한다고 보고 되었어.

이 핵 실험 이후 세계는 핵 실험이 인류의 생명을 위협하고 환경을 파괴한다는 사실을 깨닫고, 핵 실험을 금지하자는 논의를 하게 되었어. 먼저 핵무기를 보유하고 있었던 미국, 소련, 영국의 대표들은 1963년 8월 모스크바에서 지하를 제외한 그 어떤 곳에서도 핵실험을 하지 않겠다는 약속을 했어.

당시 이 조약에는 많은 나라들이 서명했지만 핵무기 보유에 열을 올리고 있었던 프랑스와 중국 등 일부 나라들은 이 조약에 가입하는 것을 꺼려 했어. 지하에서 핵 실험을 하게 되면 인명 피해나 환경 오염은 덜하겠지만 이들 나라는 지하에서 핵 실험을 할 정도의 기술력을 갖추지 못했기 때문이야. 반면에 지하 핵 실험의 기술력이 있었던 미국, 영국, 소련은 계속해서 지하 핵 실험을 실행했어.

강대국들의 지하 핵 실험이 늘어나자 다시 한 번 세계는 지하까지 포함한 모든 핵 실험을 금지하자고 제안했어. 이 제안은 세계 모든 국가들을 가입하게 하려고 유엔이 주도했는데, 이렇게 해서 체결된 조약이 바로 '포괄적 핵 실험 금지 조약'이야.

1993년 유엔 결의로 공식적인 논의가 시작되었고, 1996년 9월 유엔에서 미국, 영국, 러시아, 프랑스, 중국 등 핵을 보유한 나라들과 그 외 많은 나라들이 조약에 가입했어.

하지만 이 조약은 현재까지 발효되지 못하고 있어. 이 조약의 규정에는 핵 시설을 보유하고 있는 국가로 지정된 전 세계 44개국이 모두 서명하고 비준해야만 효력이 발생한다고 되어 있는데, 인도, 파키스탄, 북한은 서명도 하지 않았고, 미국과 중국 등은 서명은 했지만 비준을 마치지 않은 상태이기 때문이야. 그래서 아직까지 포괄적 핵 실험 금지 조약은 발효되지 못하고 있어.

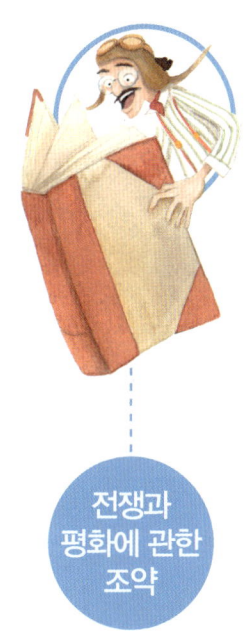

전쟁과 평화에 관한 조약

동서독 기본 조약

　동서독 기본 조약은 제2차 세계 대전 이후 분단국가가 된 동독과 서독이 서로에 대한 인정과 교류를 목적으로 체결한 조약이야.
　제2차 세계 대전 이후 분단국가가 된 나라는 우리나라와 독일이 대표적이지. 두 나라 간 차이가 있다면 우리는 남북으로 갈라졌고, 독일은 동서로 갈라졌다는 정도야. 그런데 독일은 서로의 노력으로 평화와 교류를 이어 갔고, 결국에는 통일을 이루었어. 하지만 우리

> ① 체결 당사국 : 동독(독일 민주 공화국)과 서독(독일 연방 공화국)
> ② 체결 시기 : 1972년
> ③ 체결 장소 : 동독의 동베를린
> ④ 체결 이유 : 동서독의 상호 인정과 교류 목적

나라는 그렇지를 못했고, 현재까지도 지구상에서 유일하게 분단국가로 남아 있어. 1972년 맺어진 동서독 기본 조약은 동독과 서독이 함께 노력한 결과였고, 1990년 통일이 되는 데 결정적인 계기가 되었던 조약이라고 할 수 있어.

제2차 세계 대전 이후 독일은 미국, 영국, 프랑스, 소련에 의해 분할 통치되었어. 1949년 5월 미국, 영국, 프랑스가 관리하던 지역은 '독일 연방 공화국(서독)'으로 독립했고, 소련이 관리하던 지역은 그해 10월 '독일 민주 공화국(동독)'으로 독립했어.

여기에 예전 독일의 영토였던 오데르강과 나이세강 동쪽은 폴란드와 소련의 영토로 각각 넘어가게 되었어. 독일인들 입장에서는 자신들의 옛 영토가 폴란드와 소련으로 넘어간 것에 대해 안타까운 심정이었을 거야.

서독은 폴란드와 소련으로 넘어간 자신들의 옛 영토를 언젠가는 다시 가져와야 된다는 생각을 했고, 그러기 위해서는 동독과의 통일이 중요하다는 것을 깨달았어. 하지만 동독은 좀 다른 입장이었지. 소련의 간섭을 받고 있었던 동독은 당분간은 두 개의 국가 체제(동독과 서독)로 나갈 것을 주장했어.

이런 와중에 1955년 서독의 아데나워 정권은 '할슈타인 원칙'을 내세우며 동독에 대한 강경한 입장을 취했어. 할슈타인 원칙이란 서독만이 유일한 국가이기 때문에 동독을 승인한 나라와는 외교 관계를 단절한다는 내용이었어. 아데나워 정권은 정치, 경제, 사회 모든 분야에서 동독을 압박하여 동독을 흡수 통일하겠다는 생각을 갖고 있었어.

서독이 강경한 입장으로 나가자 동독은 1961년 베를린에 장벽을 세우며 서독의 행동에 대항했어. 서독과 동독의 관계는 최악으로 치닫고 말았지. 그러자 서독 내에서도 동독에 대한 강경한 입장은 오히려 분단을 더욱 견고하게 하고 통일을 방해할 뿐이라는 비판의 목소리가 나오게 되었어.

이런 상황에서 동독에 대해 강경한 입장을 취했던 아데나워가 물러나고, 유연한 입장을 취했던 에르하르트가 정권을 잡았어. 그는 독일의 통일을 위해서는 우선 동유럽 국가들과 좋은 관계를 유지하는 것이 필요하다고 판단했고, 1966년에는 동유럽 국가들에게 평화의 메시지를 전달하기도 했어.

하지만 서독 정부의 이러한 변화에도 불구하고 동독과의 관계는 좀처럼 나아지지 않았어. 서독은 먼저 교류를 통해 분단 문제를 해결하자고 주장했고, 동독은 먼저 서로의 국가 체제를 인정하고 현재의 국경선을 확정하자고 주장했기 때문이야.

좀처럼 의견 차이를 좁히지 못하고 있던 두 나라 간 새로운 전환점이 된 사건이 일어났어. 동독과의 관계 개선에 적극적이었던 빌리 브란트가 1969년 서독의 새로운 총리로 당선된 거야. 빌리 브란트는 기존 동독과의 외교 정책을 모두 벗어 버리고 새로운 방향으로 나갈 것을 공표했어.

그는 공식적으로는 동독을 승인하지 않았지만 동독을 인정하는 입장을 취했고, 상호 무력행사를 포기하고, 화해와 협력을 추진하자고 강력하게 제안했어.

또 한편으로는 소련과의 관계 개선을 시도했어. 동독이 소련의 관리 아래에 있는 한 소련의 승인 없이 동독과 관계를 회복한다는 것은 어렵다고 판단했기 때문이야. 1970년 1월 서독은 소련과 회담을 갖고 오데르강과 나세르강 동쪽의 옛 독일 영토에 대해 폴란드와 소련의 영토임을 인정하며 관계를 회복했어. 그리고 동독과의 통일에 대해서도 의견을 주고받았어.

서독은 소련과의 관계 회복 이후 1970년 11월에는 폴란드와 조약을 체결하여 이미 소련과 합의한 대로 국경선 문제를 해결했어. 1971년 12월에는 서독에서 서베를린으로 가는 통행 문제와 관련하여 교통 협정이 체결되었어. (당시 서베를린은 서독의 영토였지만 동독 영토 내에 있었기 때문에 통행 문제가 자유롭지 않았음)

서독이 독일의 옛 영토에 대한 포기를 선언하면서까지 동독과의 관계 개선을 추진하자 소련도 더 이상은 통일 문제에 대해 반대할 수 없었어. 오히려 서독 내에서 빌리 브란트의 일방적인 양보 정책에 불만의 목소리가 높았지만 통일을 바라는 독일인들의 바람이 더 높았기 때문에 동독과 서독은 갈등 관계를 해소할 수 있었어.

이렇게 해서 동독과 서독은 1972년 12월 동독의 동베를린에서 기본 조약을 체결했어. 이것이 바로 '동서독 기본 조약'이야.

동서독 기본 조약의 주요 내용은 다음과 같아.

> 첫째, 독일 연방 공화국과 독일 민주 공화국은 서로 동등한 위치에서 정상적인 우호 관계를 발전시킨다.
> 둘째, 양국은 모든 갈등을 평화적인 수단으로 해결하고, 무력 사용을 금지하며 국경선을 침략하지 않는다.
> 셋째, 양국은 서로 국내외 문제에 관여하지 않고, 상대방의 독립과 자주성을 존중한다.
> 넷째, 양국은 상호 이익을 위해 경제, 문화, 스포츠, 기술 등 모든 분야에서 교류하고 협력한다.

조약 체결 이후 서독과 동독의 교류는 활발하게 이루어졌어. 언론, 스포츠, 학술, 경제 분야에서 활발하게 교류가 이루어졌고, 이런 교류 업무를 담당할 대표부까지 상대국에 들어섰어. 그리고 1973년에는 양국이 모두 유엔에 회원국으로 동시 가입했어.

두 나라 간 교류의 꽃은 민간인의 상호 방문이었어. 민간인의 상호 방문은 처음에는 정부의 허가를 받은 이산가족만 가능했는데, 나중에는 거의 모든 사람들이 이웃 나라를 방문하는 것처럼 자유롭게 다닐 수 있게 되었어.

이처럼 동독과 서독은 오랫동안 자유로운 방문과 폭넓은 교류를 해 왔기 때문에 보다 빨리 통일을 이룰 수 있었던 거야. 그런 까닭에 동서독 기본 조약은 독일 통일의 일등공신이라고 할 수 있어.

독일 통일의 기틀을 마련한 빌리 브란트 총리는 어떤 사람인가?

빌리 브란트는 1969년부터 1974년까지 서독의 총리를 지냈으며, 이 기간 동안 동독과 동유럽 사회주의 국가들과의 평화 정책을 시행하여 1971년에는 노벨 평화상을 수상한 인물이야. 빌리 브란트의 최대 업적은 독일 통일의 기틀을 마련했다는 점이야.

빌리 브란트는 1913년 독일에서 태어났어. 태어났을 때 이름은 '헤베르트 에른스트 칼 프람'이었어. 백화점 점원으로 일하던 어머니가 홀로 그를 키웠는데, 1930년 사민당에 입당하면서 정치를 시작했어.

1933년 히틀러가 정권을 잡자 반독재 투쟁을 했고, 나치에 의해 체포 위험이 높아지자 노르웨이와 스웨덴에서 망명 생활을 시작했어. 빌리 브란트라는 이름은 그가 나치에 대항하면서 안전상의 이유로 만든 이름인데, 노르웨이와 스웨덴 망명 중에도 계속해서 사용한 이름이야.

전쟁이 끝난 후에는 다시 독일로 들어와 빌리 브란트라는 이름으로 정치 활동을 계속했어. 1957년에는 서베를린의 시장이 되었고, 1966년에는 외무부 장관, 1969년에는 서독의 총리가 되었어.

총리 재임 시절 동독과 동유럽 사회주의 국가들에 대한 화해 정책으로 노벨 평화상을 수상했어.

1972년에는 폴란드를 방문해 바르샤바에 있는 유대인 희생자 위령탑 앞에서 깊은 사죄를 하여 세계인들에게 감동을 주었지. 당시 폴란드 국민들은 독일 총리가 방문하는 것에 대해 좋지 않은 감정을 가졌는데, 비가 오는 날씨에도 불구하고 무릎을 꿇은 채 깊이 사죄하는 그의 모습에 독일에 대한 나쁜 감정을 털어 낼 수 있었다고 해.

빌리 브란트는 베를린 장벽이 무너지고, 그토록 바라던 조국의 통일이 이루어지는 것을 모두 본 뒤 1992년 세상을 떠났어.

빌리 브란트

전쟁과 평화에 관한 조약

캠프 데이비드 협정

캠프 데이비드 협정은 이집트와 이스라엘이 두 나라 간 평화를 이루기 위한 목적으로 1978년 9월 5일부터 17일까지 미국의 대통령 별장인 캠프 데이비드에서 모임을 갖고 체결한 협정이야. 당시 미국 대통령이었던 지미 카터 대통령의 중재로 이집트의 사다트 대통령과 이스라엘의 베긴 총리가 만나서 평화 협정을 체결했어.

두 나라는 이 협정 결과를 바탕으로 이듬해인 1979년 3월 '이집

> ① 체결 당사국 : 이집트와 이스라엘
> ② 체결 시기 : 1978년
> ③ 체결 장소 : 미국 캠프 데이비드
> ④ 체결 이유 : 이집트와 이스라엘의 갈등 문제 해결

트·이스라엘 평화 조약'을 체결하고 그동안의 분쟁을 끝냈어. 캠프 데이비드 협정은 중동 지역의 평화를 이룩하는 데 어느 정도 역할을 했다는 평가는 있지만, 이집트 외 다른 아랍 국가들에게는 많은 반발을 불러와 이후 이스라엘과 아랍 민족들은 계속해서 충돌하게 되었어.

예로부터 전쟁은 종교적인 문제나 민족적인 문제로 일어나는 경우가 많은데, 이스라엘과 아랍 민족들과의 오랜 분쟁은 이 두 가지가 모두 합쳐진 경우라고 볼 수 있어.

현재 이스라엘 땅을 중심으로 지중해 동부 해안의 남쪽 지역을 팔레스타인이라고 불러. 이집트와 요르단, 시리아 등과 국경을 이루고 있는 중동 지역이야. 원래 이곳에는 기원전 15세기경부터 유대인들이 살았고, 기원전 10세기경에는 다윗 왕에 의해 처음 국가가 만들어졌어. 이후 유대인들은 이곳을 지배하게 되는 로마인들을 피해 세계 각지로 흩어졌어.

그런데 기원후 7세기경 팔레스타인 지역은 이슬람교를 믿는 아랍인들이 로마인들을 물리치고 살기 시작했어. 15세기경에는 오스만 제국이 이곳을 점령했고, 20세기까지 팔레스타인 지역은 이슬람

교를 믿는 아랍인들이 살고 있었어. 그리고 오스만 제국의 뒤를 이어 터키 공화국이 성립되면서 팔레스타인 지역은 터키령이 되었지만 이곳은 여전히 아랍인들의 터전이었어.

맨 처음 이곳에 살고 있다가 로마 지배 이후 세계 각지로 흩어져 살고 있던 유대인들은 19세기부터 자신들만의 나라를 건국하기 위해 노력했어. 그리고 그 나라는 당연히 자신들의 조상들이 처음 터전을 잡았던 팔레스타인 지역이어야 한다고 생각했지. 19세기 후반부터 유대인들은 점차 팔레스타인 지역으로 이주했고, 오랫동안 그곳에서 살고 있었던 아랍인들과는 갈등 관계에 놓이게 되었어.

그러던 중 터키령이었던 팔레스타인 지역은 제1차 세계 대전 때 터키가 영국에 패하면서 영국의 지배 아래에 놓이게 되었어. 당시 영국은 팔레스타인 지역 내 아랍인들과 유대인들에게 각각 전쟁 후 독립 국가를 만들어 주겠다는 약속을 하면서 영국을 돕도록 했고, 그 결과 전쟁에서 승리할 수 있었어.

하지만 전쟁 후 약속은 지켜지지 않았어. 그리고 제2차 세계 대전이 터지면서 팔레스타인 지역은 매우 큰 변화가 생겼어. 히틀러가 유대인을 학살하면서 그것을 피해 팔레스타인 지역으로 이주해 오는 유대인 인구가 급격하게 늘어난 거야. 게다가 나치의 유대인 학살로 유대인들에 대한 동정 여론도 매우 높아졌어.

1947년 유엔은 팔레스타인 지역을 아랍 지구와 유대 지구로 분할하는 결의안을 채택했고, 이스라엘은 이듬해 독립을 선포했어. 이스라엘은 팔레스타인 지역에서 아랍인들의 국가 건설에 반대하며 아랍인들을 쫓아내려고 했어.

그러자 주변 아랍 국가들은 이스라엘에 전쟁을 선포했어. 1948년부터 1973년까지 총 4번의 큰 전쟁이 일어났어. 결과는 이스라엘의 일방적인 승리로 끝이 났어. 전쟁 후 팔레스타인 지역에 있던 아랍인들은 삶의 터전을 잃어버리고 세계 각지로 떠돌아다니며 난민이 되고 말았어.

물론 팔레스타인 지역 내에 있던 아랍인들도 이스라엘에게 당하고만 있지 않았어. 그들은 1964년 '팔레스타인 해방 기구'라는 단체를 만들어 끊임없이 이스라엘과 충돌했어.

당시 이스라엘과 전쟁을 일으켰던 아랍 국가들의 선봉장 역할을 했던 나라는 이집트였어. 4번의 전쟁에서 모두 패한 이집트는 계속해서 이스라엘과 분쟁을 한다는 것은 모두에게 도움이 되지 않는다는 생각을 하게 되었어. 세계의 많은 나라들도 이스라엘과 아랍 국가들이 화해하기를 바라고 있었지.

1977년 이집트의 사다트 대통령은 이스라엘을 전격 방문했어. 두 나라 간 화해의 물꼬가 터지는 순간이었지. 그리고 1년 뒤인 1978년 9월 5일 미국의 지미 카터 대통령의 중재로 대통령 별장이 있던 캠프 데이비드에서 이집트의 사다트 대통령과 이스라엘의 베긴 총리가 만났어. 두 나라 정상은 9월 17일까지 별장에 머물면서 두 나라 간 평화를 위하여 많은 이야기를 나누었어.

하지만 협상은 순탄하지 않았어. 서로의 입장이 팽팽했기 때문이야. 미국은 두 나라에게 적극적인 원조를 약속하며 어떻게든 평화 협정을 이끌어내려고 노력했어. 결국 미국의 적극적인 중재와 평화를 바라는 두 나라 정상의 양보와 타협으로 평화 협정이 이루어졌어.

캠프 데이비드 협정 내용을 바탕으로 이듬해인 1979년 3월에는 양국 간 평화 조약도 체결될 수 있었어.

캠프 데이비드 협정의 주요 내용은 다음과 같아.

> 첫째, 이스라엘은 요르단 서안과 가자 지구에 대해 군대를 철수하고, 팔레스타인의 자치 기구 설립을 인정한다.
> 둘째, 이집트와 이스라엘은 평화적으로 모든 문제를 해결하고, 협정이 체결된 후에는 평화 조약을 맺는다.
> 셋째, 평화 조약에서 수립되는 원칙에 따라 이스라엘은 요르단, 시리아, 레바논과도 평화 조약을 위해 노력한다.
> 넷째, 협정 내용에 따라 이스라엘은 시나이반도를 이집트에 돌려주고, 이스라엘은 이집트 수에즈 운하의 통행권을 갖는다.

두 나라간 평화 협정은 전 세계가 환영했지만 이집트를 제외한 다른 아랍 국가들은 분노했어. 왜냐하면 두 나라 간 조약은 다른 아랍 국가들에게는 별다른 혜택이 없었기 때문이야. 그들은 이집트를 배신자로 규정하고 국교를 단절해 버렸어.

캠프 데이비드 협정은 이스라엘과 이집트 간 평화로 가는 계기를 만들었지만 다른 아랍 국가들의 입장은 고려되지 않았기 때문에 분쟁의 불씨를 남기고 말았던 거야. 이후 이스라엘과 아랍 국가들은 계속해서 분쟁을 이어 갔고, 결국 캠프 데이비드 협정을 주도했던 이집트의 사다트 대통령은 1981년 과격파가 쏜 총에 맞아 숨지고 말았어.

　팔레스타인 지역에서 쫓겨났던 아랍인들은 이후 '팔레스타인 해방 기구(PLO)'라는 조직을 만들어 이스라엘과 끊임없이 충돌했어. 세계는 이들이 평화적으로 문제를 해결할 수 있도록 노력했고, 마침내 이스라엘과 팔레스타인 해방 기구는 1993년 '오슬로 협정'을 맺어 세계의 요구에 응답했어. 하지만 이런 평화 협정에도 불구하고 현재까지 이들 지역에서는 갈등이 존재하고 있어.

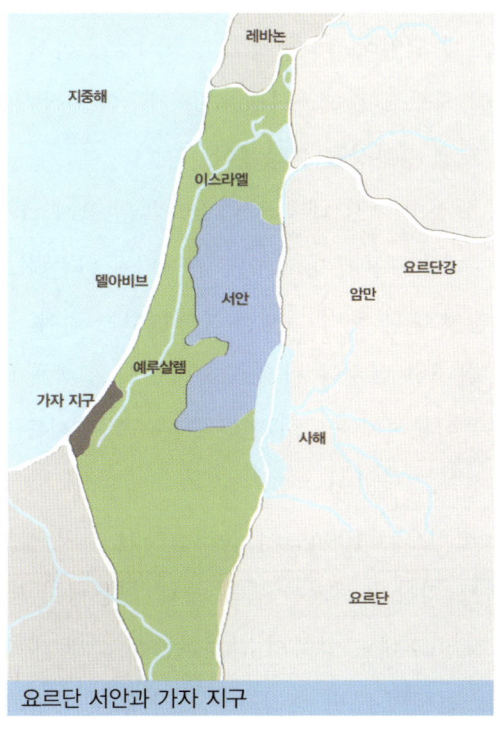

요르단 서안과 가자 지구

오슬로 협정은 어떤 내용인가?

　오슬로 협정은 이스라엘과 팔레스타인 해방 기구(PLO)가 서로의 존재를 인정하고 분쟁을 끝내기 위해 맺은 평화 협정이야. 1993년 8월 노르웨이의 오슬로에서 협정을 맺었기 때문에 오슬로 협정이라고 부르게 되었어. 이 협정으로 당시 이스라엘의 라빈 총리와 외무 장관인 페레스, 팔레스타인 해방 기구의 의장이었던 아라파트는 1994년 노벨 평화상을 수상했어.

　오슬로 협정의 주요 내용은 이스라엘은 팔레스타인의 자치 국가를 세울 수 있도록 가자 지구의 점령지를 반환하고, 팔레스타인은 이스라엘에 대한 무력 투쟁을 중단한다는 거야. 그런데 이스라엘 군대의 완전한 철수나 팔레스타인 난민 문제에 대해서는 구체적인 협의가 이루어지지 않아 또다시 분쟁의 불씨를 남겼다는 것이 이 협정의 한계로 남았어.

　오슬로 협정으로 1994년에 팔레스타인 자치 정부가 수립되었고, 아라파트 의장은 선거를 통해 초대 대통령이 되었어. 하지만 오슬로 협정 이후에도 양쪽의 강경파들에 의해 테러가 이어졌어. 1995년 이스라엘의 라빈 총리가 이스라엘 내 강경파에 의해 암살

당했고, 팔레스타인도 '하마스'라고 하는 강경파들이 폭탄 테러를 일으키며 분쟁은 계속되었어.

　라빈 총리의 암살 이후 이스라엘 총리들은 팔레스타인 점령 지구의 반환을 거부하면서 팔레스타인에 대해 강경한 입장을 취했고, 팔레스타인 자치 정부도 2006년 강경파였던 하마스가 집권당이 되면서 분쟁을 계속해서 이어 갔어. 현재 이들의 분쟁은 조금은 가라앉아 있지만 언제든 다시 일어날 가능성은 있는 상태야.

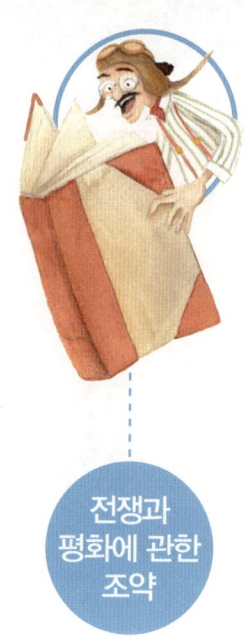

전쟁과 평화에 관한 조약

을사조약

　을사조약은 우리나라에게는 상당히 치욕적인 조약이라고 말할 수 있어. 왜냐하면 일본이 우리나라의 외교권을 박탈하기 위해서 강제로 체결한 조약이기 때문이야. 당시 일본은 서양 강대국들과 맞설 정도로 대등한 힘을 지닌 나라였고, 우리나라는 그런 일본에 아무런 대항도 할 수 없었던 약소국의 위치에 있었기 때문에 이런 조약을 체결할 수밖에 없었어.

① 체결 당사국 : 대한제국과 일본
② 체결 시기 : 1905년
③ 체결 장소 : 대한제국 한성(서울)
④ 체결 이유 : 대한제국의 외교권 박탈

 을사조약의 정식 명칭은 '한일협상조약'이고, '제2차 한일협약', '을사5조약', '을사보호조약', '을사늑약' 등으로도 부르고 있어. '늑약'이라는 말은 억지로 맺은 조약을 말하는데, 을사조약의 성격을 직접적으로 드러내 보인 이름이기도 하지.
 또 일부에서는 을사조약은 국제조약의 형식적인 조건을 갖추지 않았기 때문에 무효라고 주장하기도 해. 당시 고종 황제가 끝까지 조약에 사인을 하지 않았기 때문인데, 조약 당사국의 최고 책임자가 사인을 하지 않았기 때문에 국제조약이 될 수 없다는 거지. 만약 그렇게 된다면 이후 일본이 우리나라를 대신해 다른 나라와 맺은 조약은 무효가 되고, 1910년의 '한일병합조약'도 무효가 될 수 있어. 하지만 일본은 법적으로 아무런 문제가 없다고 주장하고 있어.
 1904년 러일 전쟁이 일어나자 일본은 우리나라를 식민지로 삼기 위하여 여러 방면으로 노력했어. 그 대표적인 것이 우리나라와 외교 관계를 맺고 있는 서양 나라들의 협조를 구하는 일이었어. 일본은 러일 전쟁에서 승리하자 미국, 영국과 비밀 협약을 체결하여 우리나라의 주권을 침해해도 된다는 허락을 받아놓은 상황이었어.
 이런 강대국들의 묵인 아래 1905년 11월, 일본은 이토 히로부미를 파견하여 우리나라를 보호해 주겠다는 명목으로 조약 체결을 강요했어. 당시 대한제국 황제였던 고종과 조정 대신들이 반발하면서 일본의 의도대로 조약 체결은 이루어지지 않았어. 그러자 일본은 헌병과 경찰들로 하여금 공포 분위기를 조성하여 조약 체결을 더욱 강요했어.

하지만 고종 황제는 끝까지 일본의 강요에 응하지 않았고, 이에 일본은 고종 황제가 참석하지 않은 상태에서 조정 대신들과 회의를 열어, 대신들의 찬성을 이끌어 냈어. 이 회의에 참석한 우리나라 대신들 중 몇 명은 끝까지 반대 의사를 표하였지만 을사오적이라고 하는 '박제순·이지용·이근택·이완용·권중현'이 찬성하여 을사조약이 체결되고 말았어.

을사조약의 주요 내용은 다음과 같아.

> **첫째,** 일본 정부는 대한제국의 외국에 대한 관계 및 사무를 감독, 지휘하고, 일본 정부의 외교 대표자는 해외에 있는 대한제국의 국민들을 보호한다.
>
> **둘째,** 일본 정부는 대한제국이 이미 맺고 있는 다른 나라와의 조약을 완수할 의무가 있고, 대한제국은 일본 정부의 허락을 받지 않고는 국제적 성격의 조약이나 약속을 하지 않기로 한다.
>
> **셋째,** 일본 정부는 대한제국 황제 아래 1명의 통감을 두고, 통감은 외교에 관한 일을 관리하기 위하여 한성(서울)에 주재하고, 대한제국 황제를 은밀히 만날 권리를 가진다. 또한 일본 정부는 한국의 개항장과 일본 정부가 인정하는 지역에 이사관을 둘 권리를 가지며, 이사관은 통감의 지휘 아래 본 조약을 완전히 실행하는 데 일체의 사무를 맡는다.

> 넷째, 일본 정부와 대한 제국 사이에 존재하는 조약 및 약속은 본 조약에 저촉되지 않는 한 모두 그 효력이 계속되는 것으로 한다.
> 다섯째, 일본 정부는 대한 제국 황실의 안녕과 존엄의 유지를 보증한다.

이 조약으로 우리나라는 외교권을 일본에 박탈당하여 외국에 있던 우리나라의 외교 기관들은 전부 폐지되었어. 일본은 곧바로 조약에 의거하여 1906년 2월에 통감부를 설치하였고, 조약 체결의 원흉인 이토 히로부미를 초대 통감으로 발령했어. 실질적으로 통감부는 외교뿐만 아니라 우리나라의 행정에도 깊이 관여하여 집행하는 권한을 가지고 있었어.

을사조약은 일본이 총칼을 들이대고 강압적으로 체결한 조약이었기에 우리 민족도 일본의 폭거에 당하고만 있지는 않았어. 뜻 있는 선비들은 일본과 조약 체결에 동의한 대신들을 규탄하면서 조약의 무효화를 주장했어. 고종 황제도 미국에 있던 황실 고문 '헐버트'를 통하여 조약이 무효임을 미국 정부에 알리고, 세계 여러 나라에도 알리도록 노력했어. 하지만 이런 노력에도 불구하고 조약은 무효화되지 못했어.

일본은 을사조약 체결 이후 1907년에는 '한일신협약'을 체결하여 우리나라를 식민지화하는 데 더욱 박차를 가하였어. 이 조약은 정미년에 체결된 7개 조약이라고 해서 '정미7조약'이라고 부르기도 해. 을사오적 중의 하나인 이완용을 앞세워 체결한 이 조약의 주요 내용은 대한제국의 주요 정책이나 관리 임명, 행정 및 사법 분야에서 일본 통감부의 동의를 받아야 한다는 거야. 또한 이 조약의 체결로 경찰과 군대도 강제로 해산되었어. 이 조약으로 인해 우리나라는 아무런 행동도 할 수 없는 껍데기만 남은 나라가 되었고, 1910년 8월 '한일병합조약'이 체결되면서 35년간의 식민지 생활을 하게 되었어.

---

* 일제의 국권 침탈 과정

① 한일의정서(1904년 2월): 일본에 대한 협력을 강요, 협박하기 위해 체결된 조약.

② 제1차 한일협약(1904년 8월): 일본이 우리나라에 대해 고문 정치를 실시하기 위해 강압적으로 체결된 조약. 일본은 재정 고문과 외교 고문을 파견하여 모든 사항을 일본과 협의하도록 함.

③ 을사조약(제2차 한일협약, 1905년 11월): 우리나라의 외교권을 박탈하기 위해 체결한 조약.

④ 한일 신협약(정미7조약, 1907년 7월): 일본이 우리나라를 빼앗기 위한 예비 조처로 체결한 조약. 행정, 사법, 관리 임명 등을 모두 일본의 동의를 받도록 하고, 경찰과 군대를 해산함.

⑤ 한일병합조약(경술국치조약, 1910년 8월): 일본이 우리나라를 완전한 식민지로 만들기 위해 체결한 조약.

을사조약이 체결된 장소는 어디일까?

을사조약이 체결된 곳은 덕수궁 중명전이야. 중명전은 '광명이 계속 이어져 그치지 않는 전각'이란 뜻으로 덕수궁이 아직 경운궁일 당시, 우리나라 궁중에 지어진 최초의 서양식 건물 중 하나지. 을사조약이 체결된 장소이기도 하지만 헤이그 특사를 파견하는 등 시련의 근대사를 고스란히 간직한 곳이기도 해.

중명전은 1901년에 지어진 황실도서관으로 처음 이름은 수옥헌이었어. 1904년 덕수궁이 불타자 고종의 집무실 겸 외국 사절을 알현하는 곳으로 이용되었지. 그러다 1907년 고종이 강제로 퇴위되고 함녕전으로 돌아가면서 황궁의 기능을 잃었어.

일제강점기에 외국인에 임대되어 1960년대까지 경성구락부로 사용되다 2007년 덕수궁에 다시 편입되었어.

제3장 서로 만나고 돕고 살아야 행복할 수 있어

/교류와 무역에 관한 조약

교류와 무역에 관한 조약

미터 조약

　지금은 누구나 1미터(m)는 100센티미터(cm)라는 것을 알고 있어. 그런데 1미터라는 길이는 언제, 누가 정한 것일까? 50센티미터나 70센티미터 정도를 1미터라고 할 수도 있었을 텐데, 굳이 100센티미터 길이를 1미터라고 정한 이유는 무엇일까?
　오늘날 우리가 사용하고 있는 미터 단위는 오래전부터 많은 연구와 노력에 의해 만들어진 거야. 그리고 이렇게 만들어진 미터 단

> ① 체결 당사국 : 프랑스, 미국, 영국 등 17개국
> ② 체결 시기 : 1875년
> ③ 체결 장소 : 프랑스 파리
> ④ 체결 이유 : 도량형 통일 기준 마련

위를 세계가 함께 통일해서 사용하자는 약속이 바로 '미터 조약'이야.

예전에는 길이나 양을 측정할 때 일정한 기준이 없었어. 그렇다고 나라마다 방법이 없었던 것은 아니고, 각자 다른 방법으로 길이나 양을 측정하고 있었지. 그런데 상대방 나라의 단위를 잘 모르다 보니, 특히 무역을 할 때 손해를 보거나 반대로 한쪽은 이익을 보는 등 많은 문제점이 생겼어.

길이, 무게, 부피 등을 재는 기구나 단위법을 도량형이라고 하는데, 나라마다 도량형이 다르다 보니 많은 혼란이 생겼던 거야. 그래서 도량형을 통일하자는 이야기가 나오게 되었어.

이런 도량형 통일 문제는 이미 13세기부터 나왔고, 과학이 발전한 17세기부터 본격적으로 도량형을 통일하기 위한 연구가 시작되었어. 당시에는 이런 연구가 각국의 왕들이 후원하는 '왕립 학회'에서 이루어졌어.

가장 먼저 도량형 통일을 제안한 것은 프랑스였어. 프랑스는 1790년 프랑스 최고의 과학자였던 라부아지에를 중심으로 도량형 개혁 위원회를 설치했는데, 이 위원회는 1791년 새로운 도량형의

미터원기

이름을 '미터'라고 지었어. 미터는 척도라는 뜻의 그리스어 '메트론(metron)'에서 따온 말이야.

1792년에는 미터의 길이를 정하는 데 있어서 자오선(지구를 남극, 북극이 지나가게 칼로 자르면 나타나는 반원 모양의 선)을 기준으로 삼고, 정확한 자오선의 측정을 위해 두 명의 과학자(들랑브르와 메셍)를 지구의 남북으로 보냈어. 두 과학자는 그곳에서 7년 동안 관측을 했고, 1799년 관측 결과를 바탕으로 북극과 적도 사이의 자오선을 1,000만분의 1로 자른 거리를 1미터로 정했어. 그리고 영국과 미국의 과학자들도 참여시킨 가운데 미터를 재는 기구인 '미터원기'를 제작했지.

이렇게 해서 도량형을 통일할 수 있는 미터가 만들어졌는데, 미터는 한동안 사용되지 못했어. 두 과학자의 자오선 측정에 약간의 오류가 발견된 탓도 있었지만 정치인들과 일반 국민들은 미터의 사용에 부정적이었기 때문이야. 일반 국민들은 그동안 친숙하게 사용하고 있었던 단위를 버리고 새로운 단위를 사용하는 데 불편함을 느꼈던 거지.

이런 이유로 미터를 만든 프랑스에서는 미터 사용이 이루어지지 못했고, 미터 사용을 처음 법으로 정한 나라는 네덜란드였어. 1820년 네덜란드가 미터 사용을 법제화했고, 1840년이 되어서야 프랑스가 법으로 정하면서 사용하게 되었어.

생각보다 미터 사용이 부진하자 프랑스는 1869년 국제적인 미터 위원회를 설립해서 다시 미터를 정하자고 제안했어. 프랑스의 이 제안에 많은 나라들이 호응했고, 세계 각국의 학자들이 참석해서 새로운 미터원기를 제작했어.

미터원기가 제작되자 1875년 5월, 프랑스 파리에서 17개국 대표들이 참석한 가운데 미터 조약이 체결되었어.

미터 조약의 주요 내용은 다음과 같아.

> 첫째, 체결 당사국들은 국제 도량형국을 창설하여 본부는 파리에 둔다.
> 둘째, 국제 도량형국은 새로운 미터원기를 보관하며 정기적으로 검사하고, 각국의 도량형과 비교하는 업무를 수행한다.
> 셋째, 미터원기의 보관이나 검사 등 국제 도량형국의 활동 경비는 체결 당사국들이 인구 비례에 따라 분담금을 내어 충당한다.
> 넷째, 조약은 누구나 가입할 수 있고, 조약의 변경은 만장일치로 정한다.

처음 미터 조약에 가입한 나라는 17개였는데, 현재는 50개국 이상이 미터 조약에 가입했어. 동양에서는 일본이 1885년 미터법을 채택했고, 우리나라는 1894년, 중국은 1908년 미터법을 도입했지만 세 나라 모두 미터법이 정착되는 데는 상당한 시간이 걸렸어. 일본은 1976년, 중국은 1985년 강제로 미터 이외에는 다른 도량형을 사용하지 못하도록 했고, 우리나라는 2007년에야 미터 이외의 도량형은 전면 금지되었어.

미터 외에 사용했던 단위는 어떤 것이 있나?

많은 나라들이 미터를 표준으로 사용하고 있지만 예전에는 각기 다른 단위를 사용하기도 했고, 지금도 미터 외에 다른 단위를 사용하는 나라도 있어. 예전에 사용했거나 지금도 사용하고 있는 몇 가지 단위를 나열해 보면 '인치, 자, 척, 야드, 마일, 평' 등이야.

'인치'는 주로 옷에 사용하는 단위야. 바지의 사이즈는 모두 인치를 사용하고 있는데, 1인치는 약 2.5센티미터의 길이를 말해. 누가 20인치 바지를 산다고 하면 그 사람의 허리둘레는 약 50센티미터가 되는 거지.

'자'는 주로 가구에 많이 사용하는 단위야. 장롱의 크기를 말할 때는 대부분 10자, 11자 장롱 등으로 표현하지. 여기서 1자는 약 30센티미터야. 그러니까 10자 장롱은 약 3미터 길이의 장롱을 말해.

'척'은 주로 동양에서 사용하던 단위였는데, 예전에는 사람의 키를 이야기할 때 이 단위를 사용했어. 그런데 척은 우리나라와 중국의 기준이 달라. 우리나라에서 1척은 약 30센티미터에 해당되지만 중국에서 1척은 약 23센티미터야. 유명한 소설인 삼국지를 보면 장수들의 키가 8척이나 9척으로 표현되어 있는데, 9척만 되어도 2

미터가 넘는 큰 키의 사람이야.

'야드'는 미국에서 지금도 많이 사용하고 있는 길이의 단위야. 골프 경기를 보면 각 홀의 거리가 야드로 표시되어 있는 것을 종종 볼 수 있어. 1야드는 약 91센티미터야.

'마일'은 미국에서 주로 사용하는 거리의 단위야. 1마일은 약 1,609미터에 해당되고, 킬로미터로 환산하면 약 1.6킬로미터야. 미국 프로 야구인 메이저 리그 경기를 보면 투수들이 던지는 공의 속도를 시속 90마일, 95마일로 표현해. 시속 90마일은 킬로미터로 환산하면 약 144킬로미터야.

보통 야구에서는 시속 150킬로미터가 넘으면 굉장히 빠른 볼을 던지는 투수라고 하는데, 90마일 정도면 아주 빠른 볼을 던지는 선수는 아닌 거지.

'평'은 면적을 나타내는 단위인데, 얼마 전까지만 해도 우리나라에서 주로 사용한 단위야. 집의 면적을 나타낼 때는 항상 평을 사용했어. 현재 공식적인 문서에서는 평의 사용을 금지하고 있지만 일반 국민들 사이에서는 지금도 평을 사용하는 경우가 많아. 왜냐하면 평의 개념이 오랫동안 사람들 기억에 남아 있기 때문이야. 1평은 3.3제곱미터인데, 이것은 가로와 세로의 길이가 각각 1.8미터에 해당되는 면적을 말해.

교류와
무역에 관한
조약

강화도 조약

　강화도 조약은 우리나라가 다른 나라와 맺은 최초의 근대적 조약이지만 불평등 조약이라는 꼬리표가 항상 따라다니는 조약이야. 이 조약은 1876년 조선과 일본이 교류와 무역을 목적으로 맺은 조약이야. 한일 수호 조약, 병자 수호 조약 등으로도 불리고, 조약의 정식 명칭은 '조일 수호 조규'야. 겉으로는 교류와 무역을 목적으로 한다지만 일본에 유리하게끔 거의 강제적으로 맺은 조약이기 때문

> ① 체결 당사국: 조선과 일본
> ② 체결 시기: 1876년
> ③ 체결 장소: 조선의 강화도
> ④ 체결 이유: 조선의 개항과 양국 간의 무역

에 불평등 조약이라고 하는 거야.

일본은 1858년 미국과 처음 근대적 조약을 맺으면서 비교적 빨리 근대화에 성공했어. 하지만 일본도 국제 정세에는 무지했기 때문에 미국뿐 아니라 이후 다른 서양 나라들과의 조약에서 불평등한 조약을 체결할 수밖에 없었어.

일본은 서양 나라들과의 불평등 조약을 만회하고, 자신들의 이익을 위해서 조선으로 눈을 돌렸어. 일본은 조선이 아직 근대화가 되지 않았기 때문에 유리하게 교류할 수 있을 것이라고 생각했던 거야.

하지만 조선과의 교류는 쉽지 않았어. 당시 조선은 흥선 대원군이 권력을 잡으면서 쇄국 정책을 시행하고 있었기 때문이야. 이때까지만 해도 조선은 서양 문물은 아무런 도움이 되지 않는다고 믿고 있었고, 서양과의 교류는 나라를 팔아먹는 행동이라고 생각했어. 이미 서양과 교류하고 있는 일본 또한 서양 오랑캐와 마찬가지라고 규정하고, 일본과의 교류도 모두 단절한다고 선언한 거야.

이렇게 되자 일본 내에서는 강제적으로 조선과 교류를 해야 한다는 주장이 나왔어. 일본 내에서 이런 주장이 나올 무렵 때마침 조

제3장 서로 만나고 돕고 살아야 행복할 수 있어

선에서는 흥선 대원군이 실각하고, 1873년부터 고종이 직접 나라 살림을 맡아보게 되었어. 고종은 아버지인 흥선 대원군과는 다르게 일본과의 교류에 반대하는 입장은 아니었어.

고종이 생각하기에 이미 국제 정세는 서로 교류를 하는 분위기로 바뀌었고, 만약 계속해서 쇄국을 고집한다면 일본의 무력 침공이 있을 것이라는 우려도 있었어. 또 청나라가 일본과의 교류를 권하고 있었기 때문에 고종 입장에서는 일본과의 교류를 진행하는 것이 모든 면에서 합리적이라고 판단했던 거야.

이렇게 해서 조선과 일본 두 나라 간 협상이 이루어질 수 있었어. 하지만 협상은 문서에 사용하는 단어 문제로 쉽게 합의를 이룰 수가 없었어. 당시 일본은 근대화 이후 천황 중심으로 정치가 이루어졌기 때문에 문서에도 '천황'이나 '조칙' 같은 단어를 사용하려 했

운양호

어. 하지만 조선 입장에서는 '황'이나 '조칙' 같은 단어는 청나라 황제만 사용할 수 있는 단어였어. 만약 이런 단어를 받아들이면 조선은 일본도 공경한다는 의미가 되기 때문에 반대할 수밖에 없었던 거지.

조선과의 교류가 어렵게 되자 일본 내에서는 조선에 대한 강경파가 힘을 얻게 되었어. 그들은 약간의 무력을 동원하여 조선과의 교류를 성사시키고, 더 나아가서는 자신들에게 유리한 입장에서 교류를 맺으려고 계획을 세웠어. 그 계획이 바로 1875년 일어난 '운양호(운요호) 사건'이야.

일본은 운양호가 강화도 주변에서 평화적인 임무를 수행하고 있었는데, 조선이 무력을 사용했다면서 사과를 요구했어. 그리고 이 사건을 문제 삼아 조선에 개항까지 요구했어. 청나라와 서양 여러 나라들도 모두 일본의 의견을 지지했기 때문에 조선은 일본의 요구를 들어줄 수밖에 없었어.

결국 1876년 2월 강화도에서 일본과의 수호 조약이 체결되었어. 일본은 조약을 유리하게 맺기 위해 군함과 병력까지 동원하여 힘을 과시했고, 조선은 협상 내내 수동적인 자세로 일본과의 협상에 응했어.

조선이 일본과 최초로 맺은 강화도 조약의 주요 내용은 다음과 같아. 강화도 조약을 자세히 살펴보면 대부분 일본에게 유리하게 체결

첫째, 조선은 자주 국가로 일본과 동등한 권리를 갖는다.

> 둘째, 조선은 부산항 이외에도 두 개의 항구를 더 개항하여 일본과 통상을 한다.
> 셋째, 조선은 양국의 선박들이 안전하게 항해할 수 있도록 일본 항해자들에게 조선의 해안을 수시로 측량할 수 있도록 한다.
> 넷째, 양국의 백성들은 양국 관리들의 간섭을 받지 않고 자유롭게 거래할 수 있다.
> 다섯째, 일본인이 조선에서 어떤 범죄를 저지르면 일본에 돌려보내 수사하게 한다.

된 조약이라는 것을 쉽게 알 수 있어. 첫째 조항을 보면 겉으로는 조선이 자주 국가임을 인정하고 있지만 이는 청나라와의 관계를 약화시켜 조선을 쉽게 침략하려는 의도에서 나온 조항이야. 둘째 조항은 인천과 원산을 추가로 개항하여 정치, 군사적으로 쉽게 침략하려는 의도에서 나온 조항이야. 셋째 조항은 일본의 조선 침략을 더욱 노골적으로 보여 준 조항이야. 겉으로는 선박들의 안전한 항해를 위한다는 것이었지만 속으로는 조선의 해안을 속속들이 알아 쉽게 침략하려는 의도에서 나온 조항이라 볼 수 있어. 넷째 조항 역시 일본과의 무역에서 조선 정부가 아무런 조치도 취할 수 없도록 하려는 의도에서 나온 조항이야. 다섯째 조항도 불평등한 조약임은 쉽게 알 수 있지.

강화도 조약이 체결됨으로써 일본은 조선을 식민지화하는 데 유리한 입장에 서게 되었고, 마침내 그 목적을 이루었어. 그런 의미에서 보면 강화도 조약은 교류와 무역을 위한 조약이라기보다는 침략을 위한 조약이었고, 매우 불합리하고 불평등한 조약이라고 할 수 있어.

운양호 사건은 왜 일어났고, 어떻게 전개되었나?

'운양호 사건'은 간단하게 말하면 일본이 조선과 조약을 체결하기 위해 일부러 일으킨 사건이야.

메이지 유신 이후 근대화를 이룩한 일본은 서양과의 불평등 조약을 만회하기 위하여 조선 침략의 기회를 노리고 있었어. 하지만 당시 조선은 대원군이 쇄국 정책을 실시하고 있었기 때문에 일본이 노리던 기회는 좀처럼 오지 않았어.

그런데 1873년 흥선 대원군이 실각하고 일본과의 교류에 대해 긍정적인 생각을 하고 있었던 고종이 집권하자 일본으로서는 절호의 기회가 온 거지.

당시 일본 내에서는 조선을 무력으로 빨리 정벌하자는 급진파와 점진적으로 침략하자는 온건파가 팽팽하게 맞서고 있었어. 이에 일본 정부는 조선 정벌을 잠시 보류하고 급진파의 불만을 충족시키기 위해 1874년 5월 대만을 먼저 정벌했어.

이에 청나라는 장차 일본이 조선도 침략할 수 있다는 문서를 조선 정부에 보내왔어. 조선은 청나라의 문서를 받고 즉각 일본 측에 사신을 파견하여 일본과의 교류에 뜻이 있음을 전달했어. 일본은 조선 정부의 이런 태도 변화가 대만 정벌에서 왔다고 판단하고, 조선에 대하여 약간의 압력을 가하면 교류 협상에서 유리한 입장에 설 수 있을 것이라고 판단했어. 그리고 계획적으로 조선에 군함을 파견하기로 결정했어.

 1875년 5월 일본은 군함 운양호를 부산에 입항시키면서 무력시위를 했어. 이후 남해안과 서해안을 돌아 9월에는 강화도에 도착했지. 일본은 정박해 있던 운양호에서 내려 보트를 타고 강화도 해안을 침입했어. 조선 해군은 아무런 표시도 없는 보트가 침입하자 즉각 위협 사격을 가했어. 이것이 바로 일본이 노린 거였어. 일본은 조선 해군의 공격이 있자마자 운양호에서 대대적인 포격을 시작했어. 근대 무기로 무장한 운양호의 포격은 단숨에 강화도 해안을 쑥대밭으로 만들었어. 일본은 영종도까지 상륙하여 약탈과 방화를 저지른 후 곧바로 일본으로 돌아갔어.

 이 사건 이후 일본은 강화도에서 평화적인 임무를 수행하고 있었는데, 조선이 갑자기 공격하였다면서 사과와 보상을 요구했어. 청나라를 비롯하여 서양 여러 나라들도 일본의 말만 믿고 조선 정부에 원만히 해결하라고 압력을 넣었어.
 조선은 일본의 요구를 들어줄 수밖에 없었고, 불평등한 강화도 조약을 체결하게 되었던 거야.

교류와 무역에 관한 조약

브레턴우즈 협정

　브레턴우즈 협정은 두 번에 걸친 세계 대전으로 인해 많은 피해를 입은 세계 각국이 경제를 살리기 위해 서로 협력하자는 의미에서 체결한 협정이야. 흔히 '브레턴우즈 체제'라는 말을 많이 쓰는데, 이는 이 협정에 의해 운영되는 국제 금융 체제를 일컫는 말이야.
　제1차 세계 대전이 일어나기 전까지는 세계 각국은 서로 자유롭게 무역을 해 왔어. 그리고 그 무역 대금은 모두 금이었지. 각 나라

> ① 체결 당사국 : 미국, 영국, 프랑스 등 44개국
> ② 체결 시기 : 1944년
> ③ 체결 장소 : 미국의 브레턴우즈
> ④ 체결 이유 : 제2차 세계 대전 후 국제 금융 질서의 기준 마련

의 화폐 단위가 모두 달랐기 때문에 모두가 인정하는 금을 물품 대금으로 주고받았던 거야.

제1차 세계 대전이 일어나자 각 나라는 전쟁 비용으로 엄청난 지출을 하게 되었어. 전쟁의 규모가 생각보다 커지면서 각 나라는 무역에서 지불할 금이 바닥났고, 각국은 금을 대신해 화폐를 마구 찍어 내기 시작했어.

이렇게 되자 세계 경제는 더 어렵게 되었어. 화폐가 늘어나면 물가는 상승하고 화폐의 가치는 떨어지는 인플레이션이 발생하기 때문이야. 물가가 상승하면 국민들이 필요로 하는 생필품들의 가격이 지나치게 올라가기 때문에 결국에는 물품을 구할 수도 없는 상황이 되어 경제는 그야말로 최악의 상황에 직면하게 되는 거지.

이런 와중에 1929년 미국에서 대공황이 발생하자 세계 경제는 직격탄을 맞게 되었어. 대공황은 경제가 급격하게 어려워지는 현상을 말해. 미국은 제1차 세계 대전 후 많은 이익을 보았고, 그 이익으로 과도한 생산과 투자를 한 나머지 급격하게 경제 상황이 나빠지게 된 거야.

게다가 1939년 제2차 세계 대전까지 일어나자 세계 경제는 더욱

어려워졌어. 사람들은 그제야 경제가 다른 어떤 것보다 중요하며, 세계 경제를 살리기 위해서는 서로가 협력해야 된다는 사실을 깨달았어.

사실, 이런 국제적인 협력의 필요성은 1920년대부터 있어 왔지만 미국과 유럽 나라들과의 의견이 맞지 않아 별다른 성과를 이루지 못한 상황이었어. 그런데 이제 더 이상은 국제적인 협력 관계를 미룰 수가 없었어.

제2차 세계 대전이 한창 진행 중이던 1941년 8월, 미국의 루스벨트 대통령과 영국의 처칠 수상은 대서양에서 만나 국제 경제 문제를 서로 협력해서 풀어 나가자는 원칙에 합의했어. 두 나라 대표

프랭클린 루스벨트와 윈스턴 처칠

는 곧바로 자국의 경제 관리들에게 세계 경제를 살릴 수 있는 협력 방안을 만들라고 지시했어.

1943년 9월부터 미국과 영국의 경제 대표들은 미국의 워싱턴에서 여러 차례에 걸친 회담을 가졌고, 그 결과 브레턴우즈 협정의 기본안을 마련할 수 있었어.

1944년 5월 미국은 전 세계 44개 동맹국들에게 '연합국 통화 금융 회의'에 참석해 달라는 공문을 발송했고, 7월 1일 미국의 브레턴우즈에 모인 44개 동맹국 대표들은 '브레턴우즈 협정'을 체결했어.

브레턴우즈 협정의 주요 내용은 다음과 같아.

> 첫째, 국제 통화 기금(IMF)과 국제 부흥 개발은행(IBRD)을 설립한다.
> 둘째, 금 1온스(약 28그램)를 35달러에 고정시키고, 다른 나라 통화는 달러에 고정한다.
> 셋째, 고정 환율제를 실시한다.

협정의 내용은 간단하지만 그 안에는 많은 내용이 함축되어 있었어. 첫째 조항에서 약속한 국제 통화 기금과 국제 부흥 개발은행의 설립은 세계의 경제를 균형적으로 발전시키려는 의도에서 합의된 조치였어.

국제 통화 기금은 이름에서도 알 수 있듯이 세계의 통화(화폐) 시스템을 안정적으로 유지해 나가기 위해 만든 기구야. 좀 더 쉽게 말하면 각 나라의 환율(화폐의 교환 비율)을 적절하게 조절하는 역할을 하는 기구라고 볼 수 있어. 국제 부흥 개발은행은 개발 도상국이나 빈곤한 국가에 돈을 빌려주는 역할을 하는 기구야. (국제 부흥 개발은행과 국제 개발 협회를 합쳐서 세계은행이라고 부름.)

이 협정으로 미국의 달러는 금과 같은 역할은 물론이고, 세계의 화폐 역할을 할 수 있게 되었어. 이런 결정이 나올 수 있었던 것은 당시 미국의 경제력이 압도적으로 높았기 때문이야.

셋째 조항에서 약속한 고정 환율제는 화폐의 교환 비율을 변동하지 않고 일정하게 유지하는 제도야. 환율이 고정되어 있으면 대내외적으로 급격하게 경제 상황이 변화더라도 국가 경제를 안정되게 유지할 수 있다는 장점이 있어. 반면에 다른 나라와의 무역에서 적자를 보았을 경우에는 더 큰 피해를 볼 수 있다는 단점이 있지. 변동 환율제 상황에서는 적자를 보았을 경우에 환율을 자국에 조금 유리하게 조정하여 적자 폭을 줄일 수도 있는데, 고정 환율제는 그렇게 할 수가 없는 거야.

당시 브레턴우즈 협정에서 고정 환율제를 결정한 것은 세계 경제가 어수선한 상태에서는 고정 환율제가 유리했기 때문이야. 또 금을 달러에 고정시켰기 때문에 고정 환율제를 시행할 수밖에 없었어.

브레턴우즈 협정은 확실히 미국의 경제력에 기반을 둔 세계 경

국제 통화 기금 로고

제 체제라고도 말할 수 있어. 그만큼 당시에는 미국의 경제력이 막강했기 때문에 이 협정은 그런대로 효과를 볼 수 있었어. 그런데 1960년대 이후 유럽의 경제력이 커지면서 미국 중심의 경제 체제는 조금씩 문제점을 드러냈어.

그런 와중에 미국은 베트남 전쟁에 막대한 비용을 쏟아부어 많은 돈이 필요하게 되었고, 달러를 마구 찍어 댔어. 당연히 달러 가치는 떨어졌어. 다른 나라들은 미국의 이런 상황에 당황했고, 달러를 가지고 있으면 손해를 본다고 생각했어. 그래서 미국에 자신들이 가지고 있던 달러를 주고 금을 요구했어. 미국으로서는 달러를 받고 금을 내어 줄 수밖에 없었지.

이렇게 되자 미국의 금 보유고는 점점 떨어졌고, 세계는 다시 금 가격이 오르게 될지 모른다는 불안감에 금 가격의 안정을 위하여 여러 가지 방안을 모색했어. 하지만 상황은 역부족이었어.

미국은 1971년 8월 달러와 금을 교환하는 것을 중지한다고 발표했어. 브레턴우즈 협정이 깨진 순간이야. 이후 '스미소니언 협정'으로 금과 달러의 교환 비율이 바뀌었지만 상황은 나아지지 않았고, 1976년 국제 통화 기금은 자메이카의 수도 킹스턴에서 회담을 갖고 새로운 통화 제도를 만들었어. 킹스턴에서 체결된 통화 제도를 '킹스턴 체제'라고 부르는데, 현재까지 세계는 킹스턴 체제로 운영되고 있어.

'스미소니언 협정'과 '킹스턴 체제'는 무엇인가?

1971년 8월 미국이 금과 달러의 교환을 중지하면서 브레턴우즈 협정이 무너지자, 선진 10개국 재무 장관들은 그해 12월 미국의 스미소니언 박물관에서 회의를 열고 협정을 체결했어. 이 협정이 스미소니언 협정인데, 고정 환율제를 유지하면서 금과 달러의 교환 비율을 기존 35달러에서 38달러로 바꾼다는 것이 주요 내용이야.

금 1온스당 35달러 하던 것을 38달러로 바꾼다는 것은 결국 달러의 가치가 하락되었다는 것을 의미해. 이는 당시 달러 가치가 떨어진 것을 반영한 조치였어.

그런데 이 협정 이후에도 미국의 달러 가치가 계속 하락하자 세계 각국은 미국 달러를 기준으로 자국의 화폐 가치를 고정시키는 것은 문제가 있다고 판단했어. 세계 각국은 할 수 없이 고정 환율제를 포기하고 변동 환율제를 실시하게 되었어. 이렇게 되자 스미소니언 협정은 결국 깨지고 말았어.

이제 세계는 새로운 통화 제도가 필요하게 되었어. 이 일은 브레턴우즈 협정에서 탄생한 국제 통화 기금이 맡았어. 국제 통화 기금의 주된 역할이 국제 통화 시스템을 관리하는 것이었기 때문에 국제 통화 기금이 주도적으로 나선 것은 당연한 일이었어.

국제 통화 기금은 1976년 1월, 자메이카의 수도 킹스턴에서 회의를 열고 새로운 통화 제도를 만들었어. 이때 만들어진 통화 제도를 '킹스턴 체제'라고 불러.

킹스턴 체제의 주요 내용은 각국은 고정 환율제와 변동 환율제를 각국의 상황에 맞게 자유롭게 결정할 수 있다는 거야. 그리고 환율을 인위적으로 조작해서는 안 된다는 조항도 만들었어. 또한 달러와 금의 교환을 중지하고, 금을 시장에서 일반 상품처럼 자유롭게 사고팔 수 있도록 했어. 현재까지 세계 많은 나라들은 킹스턴 체제에 따라 변동 환율제를 채택하고 있어.

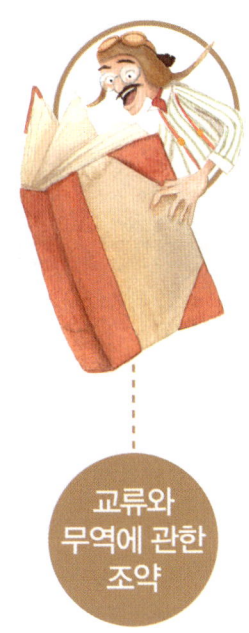

교류와
무역에 관한
조약

관세 및 무역에 관한 일반 협정(GATT)

'관세 및 무역에 관한 일반 협정(GATT)'은 국가 간 자유롭고 공정한 무역을 증진시키기 위한 국제적인 무역에 관한 협정이야. 영문 머리글자를 따서 'GATT(가트)'라고 부르기도 해.

1944년 국제 통화 제도인 브레턴우즈 협정이 체결되자 세계는 무역 문제에 집중하게 되었어. 각국은 서로 처한 환경이 다르다 보

① 체결 당사국 : 미국, 영국, 프랑스 등 23개국
② 체결 시기 : 1947년
③ 체결 장소 : 스위스 제네바
④ 체결 이유 : 국가 간 자유롭고, 공정한 무역을 위한 기준 마련

니 자국의 이익을 최우선으로 하는 무역을 먼저 생각했어. 세계가 모두 같은 생각을 갖고 있었기 때문에 무역 문제는 쉽게 해결되지 않았지.

이런 때 '라운드 협상'이라는 말이 나오게 되었어. '라운드'는 우리말로 동그란 원을 말하는데, 라운드 협상은 쉽게 말해 원탁회의를 의미해. 모두가 원탁을 중앙에 두고 빙 둘러앉아서 평등하게 동등한 입장에서 의견을 내어 합의를 이루자는 의미가 담긴 거지.

1946년 10월 제네바에서 미국, 영국, 프랑스 등 23개국 대표들이 무역 문제를 해결하기 위하여 7개월 동안 라운드 협상을 벌였어. 원래 이 협상에서는 무역 문제를 전담할 '국제 무역 기구'를 설립하려고 했어. 무역과 관련된 협정보다는 기구를 만들어 두면 훨씬 편리할 거라고 판단했던 거야.

제네바에서 열린 23개국 대표들의 7개월 동안의 협상은 치열하게 전개되었어. 어떤 결론도 쉽게 나오질 못했고, 국제 무역 기구의 설립에 대해서도 최종 결론을 보지 못했어. 그래서 우선 무역에 관한 일반 협정이라도 체결하자는 의견에 모두가 동의했고, 그 결과 '관세 및 무역에 관한 일반 협정'이 체결된 거야.

관세 및 무역에 관한 일반 협정의 주요 내용은 다음과 같아.

> 첫째, 체결 당사국은 서로 관세율을 내리고, 모든 나라에 동등하게 '최혜국 대우'를 한다.
> 둘째, 체결 당사국은 수출입 제한을 원칙적으로 폐지한다.
> 셋째, 체결 당사국은 수출 관련 정부 보조금을 폐지한다.

최혜국 대우라는 것은 다른 나라와 조약을 체결할 때 가장 유리한 혜택을 받은 나라가 있으면 다른 나라들도 모두 가장 유리한 혜택을 받은 나라와 동등하게 대우한다는 말이야. 즉, 무역에 있어서는 어떤 나라도 차별을 해서는 안 된다는 규정이야.

수출입 제한을 원칙적으로 폐지한다는 조항은 자국에 유리한 물품은 수입하고, 불리한 물품은 수입하지 않는다거나, 반대로 어떤 물품은 수출하고, 어떤 물품은 수출하지 않는 행위를 원칙적으로 없앤다는 약속이야.

정부 보조금을 폐지한다는 조항은 어떤 물품에 대해 정부 차원에서 보조금을 지급하게 되면 그 물품을 수출하는 나라는 결국 가격 경쟁력을 확보할 수 없다는 판단에서 나온 규정이야.

협정 체결 이후 각국은 수출에서는 많은 부분 효과를 보았어. 그리고 협정 체결 이후에도 각국은 필요할 때마다 라운드 협상을 벌였어. 1949년 프랑스 앙시에서 '앙시 라운드 협상'을 시작으로 1979년 도쿄에서 '도쿄 라운드 협상'까지 총 여섯 차례의 라운드 협상을 더 벌여서 무역을 하면서 나타난 문제점들을 보완했어.

하지만 점차 무역량이 많아지고 품목도 세분화되면서 협정만으로는 해결할 수 없는 문제들도 발생했어. 또 협정을 어긴 국가에 대해서 징계를 할 구체적인 방법이 없었기 때문에 세계는 다시 한 번 기구의 설립을 추진하게 되었어.

1986년 우루과이에서 전 세계 125개국의 대표들이 참가하여 세계 무역 기구 설립을 위한 '우루과이 라운드 협상'을 벌였고, 7년이 넘는 협상 결과 1995년 '세계 무역 기구(WTO)'가 설립되었어. 세계 무역 기구가 탄생함으로써 그동안 무역 관련 업무를 담당했던 관세 및 무역에 관한 일반 협정은 세계 무역 기구에 그 업무를 넘기고 역사 속으로 사라졌어.

세계 무역 기구 (WTO)는 어떤 기구인가?

　세계 무역 기구는 관세 및 무역에 관한 일반 협정을 대신할 기구로 1995년 1월 설립되었어. 세계 무역 기구가 생기기 전에는 각 나라의 무역은 관세 및 무역에 관한 일반 협정 체제에서 이루어졌어. 그런데 각 나라마다 경제가 발전하고, 또 무역도 많아지자 여러 가지 문제점들이 발생하기 시작했어. 협정을 어기는 나라들도 생겨났고, 협정만으로는 세분화되고 복잡해진 무역 관련 문제들을 해결할 수 없는 상황에 놓이게 된 거야. 그래서 세계 무역 기구가 만들어지게 되었어.

　세계 무역 기구는 무역에 관한 협정 내용을 잘 지키는지 감시, 감독하는 역할은 물론이고, 분쟁까지 조정하는 기구야. 또한 세계 무역 기구에는 협정에는 없었던 기능도 하나 추가되었어. 협정을 어겼을 경우 강력한 제재를 가한다는 거야. 세계 무역 기구 설립 이후부터는 어떤 나라도 쉽게 협정을 어길 수 없게 되었고, 그 결과 세계 무역 질서가 어느 정도 자리를 잡게 되었어.

　세계 무역 기구가 내세운 기본 원칙이 있는데, 무역에는 차별이 없어야 한다는 거야. 힘 있는 나라가 일방적으로 자기 나라에 유리하게 무역을 해서는 안 된다는 의미야. 세계 무역 기구는 설립 당시에는 76개 나라가 회원국으로 참여했고, 현재는 164개 나라가 회원국이 되었어.

그런데 세계 무역 기구는 누구나 가입할 수 있는 기구는 아니야. 회원국의 반대로 가입이 되지 않는 경우도 있고, 자국의 반대로 가입을 못하는 경우도 있어. 이란의 경우 1996년에 가입을 신청했는데, 테러 단체에 지원을 했다는 이유로 미국이 반대하면서 무산되었어.

또 많은 나라들이 경제적 이익을 얻으려고 이 기구에 가입하려고 하는데, 이 기구에 가입한다고 해서 반드시 경제적 이익을 얻는 것은 아니야. 오히려 자국의 경제가 위축되는 경우가 발생할 수도 있어 일부러 가입을 보류하는 나라도 있어.

그리고 일부 사람들은 세계 무역 기구가 개발 도상국들을 지원하는 역할보다는 선진국들의 이익을 위해 운영되고 있다고 비판하기도 해. 이런 문제들은 앞으로 세계 무역 기구가 극복해야 할 과제야.

교류와
무역에 관한
조약

솅겐 조약

솅겐 조약은 발음하기는 어려운 이름이지만 굉장히 의미가 큰 조약이야. 솅겐 조약은 간단하게 말하면 조약 체결국 간 자유롭게 통행하기 위하여 국경을 철폐하고 서로 정보를 공유한다는 약속이야.

이 조약은 유럽 연합(EU)의 설립보다 먼저 체결된 조약이었기 때문에 유럽 연합을 출범시키는 데 상당한 도움을 주었던 조약이기도 해. 그런 까닭에 이 조약은 현재 유럽 연합의 일부로 포함되어

> ① 체결 당사국 : 벨기에, 프랑스, 독일, 룩셈부르크, 네덜란드 등 5개국
> ② 체결 시기 : 1985년
> ③ 체결 장소 : 룩셈부르크의 솅겐
> ④ 체결 이유 : 체결국 간 국경 철폐

있어.

두 나라 사이에 국경이 없어졌다고 생각해 봐. 그건 두 나라가 하나의 나라가 되었다고도 생각할 수 있을 만큼 굉장한 의미가 있는 사건이야. 솅겐 조약에 가입된 국가들은 한 국가를 여행하듯이 자유롭게 이동할 수 있어. 국경을 통과할 때 반드시 필요한 여권이나 비자도 필요 없어. 그리고 출입국 심사도 받을 필요가 없어.

이 조약은 벨기에, 독일, 프랑스, 네덜란드, 룩셈부르크 5개 나라가 1985년 6월에 룩셈부르크의 작은 마을인 솅겐에서 맺은 조약이야. 그래서 조약이 체결된 지역의 이름을 따서 솅겐 조약이라 불러.

솅겐 조약이 체결되고 난 후 바로 국경이 철폐된 것은 아니야. 왜냐하면 국경을 철폐한다는 약속만 한 상태였기 때문에 그에 따르는 준비 기간이 필요했어. 국경을 철폐해도 아무런 문제가 없는 것인지, 여러 가지 사항들을 검토할 시간이 필요했어. 그래서 이들 체결국들은 모든 문제점들을 검토한 후 1990년 6월에 마침내 솅겐 조약을 실시하겠다는 새로운 협정을 맺었어. 또 솅겐 조약 실시 협정 이후에도 상당한 기간 동안 준비 과정을 거친 후 1995년에야 비로소 솅겐 조약은 실시될 수 있었어.

솅겐 조약의 주요 내용은 다음과 같아.

> 첫째, 체결 당사국들은 공통의 출입국 관리 정책을 시행하여 국경 시스템을 최소화해 인적, 물적 이동을 자유롭게 한다.
> 둘째, 체결 당사국의 경찰들은 솅겐 지역 내에서 발생한 범죄에 대응하기 위하여 프랑스의 스트라스부르에 설치된 '솅겐 정보 시스템'을 통해서 범죄자의 정보를 공유한다.

이 조약이 체결되기 전 유럽 각국의 국민들은 국경에서 여권을 제시해야 주변 국가로 이동할 수 있었어. 게다가 비자가 필요한 나라는 비자까지 취득해야 했고, 출입국 심사에만 상당한 시간과 비용이 발생했어. 그런데 솅겐 조약으로 이런 번거로운 일들이 모두 사라지게 된 거야.

또 솅겐 조약 이전에 범죄자들은 국경을 넘어 다른 나라에 들어가게 되면 더 이상 경찰의 추적을 받지 않았어. 그런데 이 조약으로 각국의 경찰들은 국경을 넘어 계속해서 범죄자들을 추적할 수 있게 되었어.

현재 솅겐 조약에는 총 32개국이 서명했는데, 실제로 이 조약이 실시되고 있는 가입 국가는 26개국이야. 영국, 아일랜드, 불가리아, 루마니아, 키프로스, 크로아티아 6개 나라는 서명은 했지만 아직 미가입국이야. 1995년 솅겐 조약이 실시된 벨기에, 프랑스, 독일, 네덜란드, 룩셈부르크, 포르투갈, 스페인을 시작으로 이후 이탈리아,

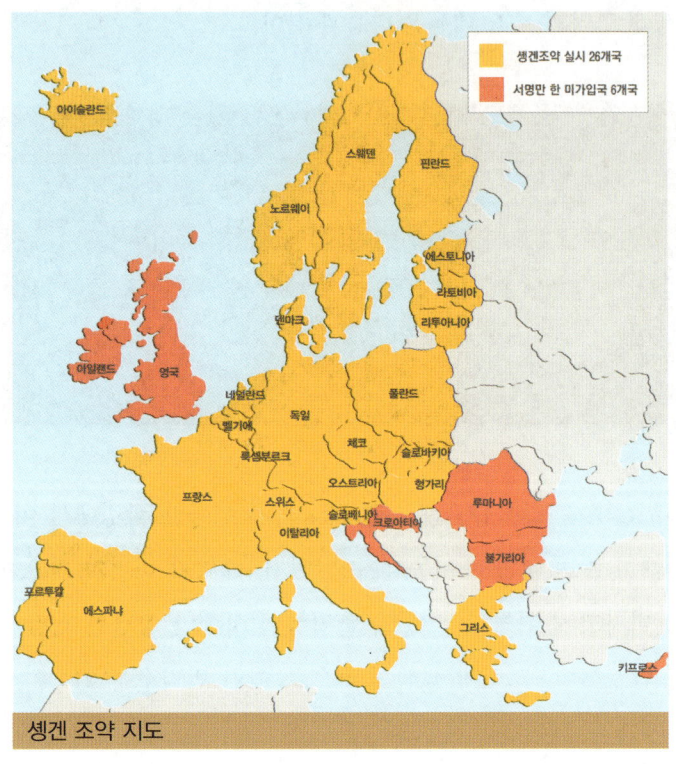

셴겐 조약 지도

오스트리아, 그리스, 덴마크, 핀란드, 아이슬란드, 노르웨이, 스웨덴, 체코, 슬로바키아, 헝가리, 라트비아, 에스토니아, 리투아니아, 몰타, 폴란드, 슬로베니아, 스위스, 리히텐슈타인 등 26개국이 셴겐 조약에 가입되어 있어.

영국과 아일랜드는 조약에 서명은 했지만 가입은 하지 않고, 단지 셴겐 정보 시스템만 공유하고 있어. 또 루마니아, 불가리아, 키프로스, 크로아티아도 조약에 서명은 했지만 몇 가지 이유로 가입은 못하고 있는 상황이야.

셍겐 조약은 비가입국의 국민들에게도 적용되나?

셍겐 조약의 핵심 내용인 국경 철폐는 조약 가입국 국민뿐 아니라 가입하지 않은 국민에게도 상당히 편리한 조약이야. 왜냐하면 비가입국 국민에게도 똑같이 적용되기 때문이야. 단, 비가입국 국민에게는 몇 가지 조건이 있어.

셍겐 조약 덕분에 우리나라 사람들이 유럽으로 여행을 갈 때는 참 편리한 점이 많아. 만약 셍겐 조약 가입국인 동시에 유로 존 국가들을 방문한다고 하면 여권 검사 없이 자유롭게 다닐 수 있고, 유로만 환전해서 다니면 아무런 불편도 느낄 수 없기 때문이지.

이처럼 비가입국 국민에게도 셍겐 조약을 적용한 것은 국경 검문소를 없애 버렸기 때문이야. 그렇다고 비가입국 국민에게 전혀 심사가 없는 것은 아니야. 여기에는 조건이 있어.

우선, 셍겐 조약 비가입국 국민이 셍겐 조약 가입국들을 방문할 때 첫 번째로 방문하는 국가에 대해서는 여권 심사를 받아야 해. 예를 들어 우리나라 사람이 프랑스와 독일을 차례로 여행할 계획이라면 첫 번째 방문 나라인 프랑스에서는 여권 심사를 받아야 입국할 수 있어. 일단 프랑스에서 여권 심사를 받고 입국한 경우에는 프랑스에서 독일로 넘어갈 때는 자유롭게 이동할 수 있어.

그리고 또 한 가지 조건이 있는데, 비가입국 국민이 솅겐 조약 가입국에 입국할 때에는 6개월 이내 기간 안에서 총 90일 동안만 가입국의 국경을 자유롭게 다닐 수 있어. 만약 90일 이상을 머무르게 되면 다시 입국 심사를 받아야 해. 단순히 여행이 목적이라면 90일 이상 여행을 다니는 경우는 거의 없기 때문에 사실 이 조항은 크게 문제가 되지 않은 조항이지.

그러니까 솅겐 조약은 가입국 국민뿐 아니라 비가입국 국민에게도 큰 차별 없이 적용되는 반가운 조약인 셈이야.

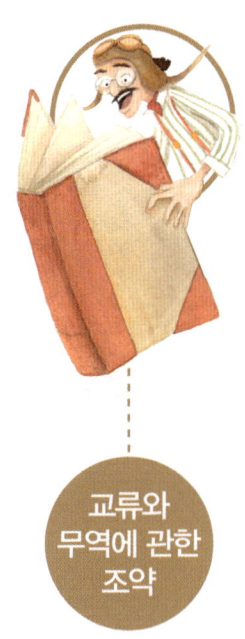

교류와 무역에 관한 조약

마스트리흐트 조약

　마스트리흐트 조약은 간단하게 말하면 지금의 유럽 연합을 있게 한 조약이야. 그래서 이 조약은 다른 말로 '유럽 연합에 관한 조약'이라고도 불러. 이처럼 유럽이 하나의 공동체, 하나의 국가처럼 운영되는 기구를 만들어 번영을 이룩하려고 한 것은 역사적으로 그 이유가 있어.
　유럽은 다른 대륙에 비해 좁은 면적을 가진 대륙이지만 많은 국

① 체결 당사국 : 프랑스, 독일, 영국 등 12개국
② 체결 시기 : 1992년
③ 체결 장소 : 네덜란드의 마스트리흐트
④ 체결 이유 : 유럽 연합의 창설

가들이 모여 있어서 크고 작은 분쟁을 겪으면서 발전해 왔어. 세계적으로 과학과 문화가 먼저 발전한 곳이기도 하지만 세계 전쟁과 같은 인류의 비극도 함께 지니고 있는 곳이기도 하지.

그래서 유럽의 국가들은 언제부터인가 싸우면서 살아갈 것이 아니라 도움을 주고받으면서 함께 발전하자는 생각을 했어. 좁은 땅덩어리에서 많은 나라들이 서로 싸우는 것은 결국 전체의 파멸을 불러온다고 깨달았기 때문이야.

이런 생각을 가장 구체적으로 나타낸 국가는 프랑스였어. 프랑스는 일찍이 유럽의 다른 나라들에 비해 정치, 경제적으로 안정되어 있었기 때문에 유럽 통합에 대한 생각을 먼저 할 수 있었던 거야.

프랑스는 제1차 세계 대전과 제2차 세계 대전이 끝난 후에도 유럽 통합을 제안했는데, 당시에 유럽의 다른 나라들은 자국의 입장을 먼저 생각하느라 프랑스의 제안을 쉽게 받아들일 수 없었어.

이에 프랑스는 정치 부문의 통합이 어려우면 경제나 사회 부문의 통합을 먼저 이루자고 제안했어. 이렇게 해서 1952년 프랑스, 독일 등 6개국이 참석하여 '유럽 석탄 철강 공동체(ECSC)'를 출범시켰어. 1958년에는 '유럽 경제 공동체(EEC)'와 '유럽 원자력 공동체

(EURATOM)'가 연이어 설립되면서 유럽 국가들은 경제적으로 서로 도움을 주고받으며 공동체의 운명에 놓이게 되었어.

하지만 정치적인 통합은 쉽게 이루어지지 않았어. 그런데 정치적인 통합 문제의 실마리는 경제에서 찾게 되었어. 각국의 정치 지도자들은 어려운 자국 경제의 돌파구를 유럽 통합에서 찾으려고 했기 때문이야.

이렇게 해서 1967년에는 유럽 석탄 철강 공동체, 유럽 경제 공동체, 유럽 원자력 공동체가 통합되어 '유럽 공동체(EC)'가 출범하게 되었고, 1986년에는 유럽의 12개 나라가 유럽 공동체에 가입했어. 유럽 공동체는 경제 통합을 넘어 정치 통합에 이르자는 합의까지 하게 되었어.

하지만 역시 정치 통합은 쉽게 이루어지지 않았어. 정치 통합의 의미는 유럽이 하나의 정부 안에 묶인다는 의미인데, 일부 나라들은 하나의 정부가 아니라 개별 국가의 연합을 주장했기 때문이야.

1991년 4월, 룩셈부르크는 유럽 공동체보다 한 단계 더 발전된 공동체, 즉 공동 시장과 단일 화폐를 사용하고, 공동으로 외교 안보 정책을 수립하고, 내무 및 사법 분야의 협력까지 함께하자는 제안을 했어. 이 제안 역시 몇몇 나라들의 입장 차이로 한동안 합의점을 찾지 못했어. 그러다가 영국은 단일 통화는 사용하지 않는다는 조건으로, 스페인 등 경제가 어려운 나라들은 독일의 지원을 받는다는 조건으로, 그리고 '연방'이라는 이름 대신 '연합'이라는 이름으로 바꾸면서 간신히 합의점을 찾을 수 있었어.

이렇게 해서 1991년 12월 네덜란드의 마스트리히트에서 개최된 유럽 이사회에서 유럽 통합에 대한 합의가 이루어졌고, 이듬해인 1992년 2월 마침내 유럽 연합 조약, 즉 마스트리흐트 조약이 체결되었어. 비로소 유럽 연합이 탄생한 거야.

마스트리흐트 조약의 주요 내용은 다음과 같아.

> 첫째, 체결 당사국들은 유럽 연합을 설립한다.
> 둘째, 체결 당사국은 공동 시장의 창출과 단일 화폐를 단계적으로 도입한다.
> 셋째, 유럽 이사회는 유럽 연합의 정책을 수립하고 관리하는 주체가 된다.
> 넷째, 체결 당사국의 시민은 자국의 시민권을 갖는 동시에 유럽 연합의 시민권을 갖는다.

미스트리흐트 조약으로 설립된 유럽 연합은 기존의 유럽 공동체를 기반으로 설립되었고, 유럽 연합의 단일 화폐인 '유로(Euro)'는 1999년에 도입해 2002년부터 12개 국가에서 사용되기 시작했어.

마스트리흐트 조약 체결 이후에도 유럽 연합은 암스테르담 조약(1997년), 니스 조약(2001년), 리스본 조약(2007년) 등을 체결하여 마스트리흐트 조약을 수정, 보완했어. 이는 유럽 연합 체제를 보다 견고하게 유지하기 위한 노력이었어.

유럽 연합의 가장 특징적인 면 하나를 꼽으라고 한다면 당연 단일 화폐 사용을 들 수 있어. 하나의 통일된 화폐를 사용한다는 것은 어떻게 보면 하나의 국가라는 개념으로 생각할 수도 있어. 한 국가가 두 가지 화폐를 사용하지 않는 것처럼 말이야.

유로화

　아무튼 유럽의 여러 국가들이 서로 도우면서 발전을 이룩하자는 의미로 만든 유럽 연합은 그 취지는 좋았을지 모르지만 모두로부터 환영받는 것은 아니야. 한 나라 안에서도 지역별로 불평등이 존재하는 것처럼 여러 국가들이 모인 유럽 연합은 더더욱 그런 불평등이 많이 발생할 수 있기 때문이지.

　실제 유럽 연합 국가들 사이에 경제적 불평등이 존재하자 일부 국가들은 유럽 연합에서 탈퇴하려는 움직임도 보였어. 대표적인 나라가 영국이야. 영국은 국민 투표를 거쳐 2016년 유럽 연합 탈퇴를 결정하고 말았어.

모두가 공동으로 번영하자는 유럽 연합의 취지는 분명 옳은 것이지만 그 취지대로 운영되고 있지 못하다는 것이 현재 유럽 연합이 직면한 상황이야. 하지만 그 옛날 갈등과 다툼의 현장이었던 유럽에 비하면 지금의 유럽은 한층 발전한 모습인 것만은 틀림없는 사실이야.

현재 유럽 연합 회원국은 모두 28개 나라야. 1993년 유럽 연합이 출범할 때는 네덜란드, 독일, 룩셈부르크, 벨기에, 이탈리아, 프랑스, 덴마크, 아일랜드, 영국, 그리스, 스페인, 포르투갈 등 12개 나라가 회원국이었고, 1995년엔 스웨덴, 오스트리아, 핀란드가 가입했고, 2004년에는 라트비아, 리투아니아, 몰타, 슬로바키아, 슬로베니아, 에스토니아, 체코, 키프로스, 폴란드, 헝가리가 가입했어. 그리고 2007년에 루마니아, 불가리아가 가입했고, 2013년에는 크로아티아가 가입하여 총 28개 나라가 회원국이 되었어(2016년 영국이 탈퇴를 선언해서 다시 27개 나라가 됨).

유럽 연합 회원국은 모두 단일 화폐인 유로를 사용하나?

　유로라는 단일 통화가 사용되기 전에는 유럽으로 여행을 가면 환전하는 문제로 참 불편함이 많았어. 보통 유럽을 여행 갈 때면 5~6개 나라를 방문하게 되는데, 가는 나라마다 다 그 나라의 돈으로 환전을 해야 하기 때문이지. 하지만 지금은 그럴 필요가 없어졌어. 유로만 가지고 가면 어느 나라를 방문히더라도 아무런 문제없이 사용할 수 있으니까 말이야.

　그런데 유럽의 국가들이 모두 유럽 연합 회원국은 아니기 때문에 유럽 국가 모두 유로를 사용하는 것도 아니고, 유럽 연합 회원국이 전부 다 유로를 사용하는 것도 아니야.

　유럽 연합 회원국들 중에서 유로를 사용하는 국가들을 가리켜 '유로 존 국가'라고 불러. 유럽 연합 회원국이면서 유로를 사용하지 않는 나라는 덴마크, 영국, 스웨덴, 체코, 헝가리, 루마니아, 라트비아, 폴란드, 크로아티아 등 9개 나라야.

　유럽 연합 회원국이면서 유로를 사용하지 않는 나라들은 그만한 이유가 있어. 많은 나라가 어느 날 갑자기 동일한 화폐를 사용하는 건 쉬운 일이 아니야. 왜냐하면 각 나라의 경제 수준을 무시하고 동일한 화폐를 사용하면 엄청난 혼란에 빠질 수 있기 때문이지.

　그래서 유럽 연합에서 제시하는 일정한 기준에 미달하면 유로를 사용하고 싶어도 그렇게 할 수가 없어. 현재 몇몇 나라는 그 나라의 경제적 상황이 나빠져서 유로를 사용하고 싶어도 사용할 수가 없는 상황이야.

　또 이와는 반대로 몇몇 나라는 유로를 사용하지 않는 것이 더 낫다고 판단해서 사용하지 않고 있어.

　여행하는 사람 입장에서는 유럽의 모든 나라가 유로를 사용하면 참 편할 텐데, 과연 그런 날이 올 수 있을지 조금 더 두고 봐야 될 일이야.

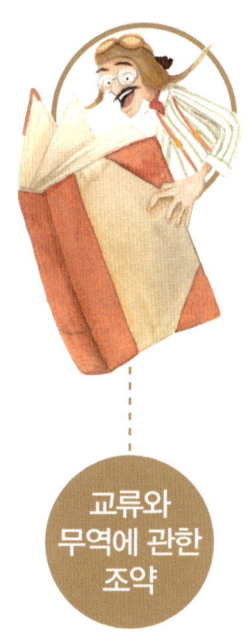

교류와 무역에 관한 조약

마라케시 협정

마라케시 협정은 우루과이 라운드 협상의 최종 결과물인 동시에 오늘날 세계 무역을 총감독하고 있는 세계 무역 기구의 설립을 결정한 협정이야.

마라케시 협정을 알기 위해서는 먼저 우루과이 라운드 협상에 대해서 자세하게 알 필요가 있어. 우루과이 라운드라는 말은 한두 번은 들어보았을 텐데, 지금까지의 모든 무역 관련 협상 중에 가장

① 체결 당사국 : 미국, 영국 등 123개국
② 체결 시기 : 1994년
③ 체결 장소 : 모로코의 마라케시
④ 체결 이유 : 우루과이 라운드 협상의 최종 결과 및 세계 무역 기구의 설립

광범위하면서도 가장 오랜 시간 동안 개최된 협상이야.

세계 각국은 1947년 '관세 및 무역에 관한 일반 협정'을 체결하여 무역 문제를 해결해 왔어. 그리고 협정 체결 이후에도 여러 번의 라운드 협상을 벌여서 문제점들을 보완했어. 관세 및 무역에 관한 일반 협정이 체결된 제네바 라운드(1947년) 협상 이후, 1949년 2차 회담인 앙시 라운드 협상을 시작으로 1979년 7차 회담인 도쿄 라운드 협상까지 꾸준히 이어졌어.

그런데 1980년대부터는 이런 협정 체제에 한계점이 발생하고 말았어. 더 이상 협정 체제로는 복잡하고 세분화된 무역 문제를 해결할 수 없었던 거지. 이런 상황을 해결하기 위하여 1986년 우루과이에서 8차 회담이 개최되었어. 그 유명한 우루과이 라운드 협상이 시작된 거야.

우루과이 라운드 협상은 1986년 9월에 시작해서 1993년 12월에 합의를 보았고, 1994년 4월 모로코의 마라케시에서 최종 협정을 맺게 되었어. 이렇게 해서 우루과이 라운드 협상의 결과물인 마라케시 협정이 나오게 된 거야.

가장 광범위하게 가장 오랜 시간 동안 펼쳐졌던 우루과이 라운

드 협상은 세계 무역 질서를 관리 감독할 세계 무역 기구를 설립하면서 막을 내렸는데, 그 협상의 내용은 모두 세계 무역 기구의 설립 협정에 그대로 반영되어 있어. 그러니까 우루과이 라운드 협상과 마라케시 협정, 세계 무역 기구는 서로 이름은 다르지만 같은 내용이라고 볼 수 있어.

마라케시 협정의 주요 내용은 다음과 같아.

> 첫째, 체결 당사국은 세계 무역 기구를 설립하여 운영한다.
> 둘째, 체결 당사국은 지적 재산권을 인정하고 보호한다.
> 셋째, 체결 당사국은 농축산물 수입에 제한을 두어서는 안 된다.
> 넷째, 체결 당사국은 덤핑 판매를 해서는 안 된다.

둘째 조항의 지적 재산권이란 발명이나 고안, 창작 따위의 지적 활동으로 발생하는 창조물을 지배할 수 있는 권리를 말하는데, 지적 소유권이라고도 해. 중국은 예전부터 짝퉁 상품을 잘 만들기로 소문이 났었는데, 이 협정으로 짝퉁 상품에 대해 제재를 가할 수 있게 되었어.

그동안 우리나라는 셋째 조항 때문에 정부와 농민들 사이에 많은 다툼이 있었어. 외국의 값싼 농산물이 우리나라에 들어오면 우리나라 농촌이 피해를 보기 때문이지. 그리고 이 조항 때문에 우루과이 라운드 협상이 그렇게 오랫동안 시간을 보낸 이유이기도 해. 다행히 농업 보조금을 일부 지급하는 규칙을 만들어 간신히 합의에 이룰 수 있었어.

넷째 조항의 덤핑이란 아주 싼 가격으로 물건을 파는 것을 말해. 어떤 사람은 물건 가격은 주인이 마음대로 정하는 거 아니냐고 말할 수도 있겠지만 무역에서는 그렇지가 않아. 아주 싼 가격으로 물건을 수출하게 되면 같은 물건을 만드는 그 나라 기업이 피해를 볼 수 있기 때문이지.

마라케시 협정에서 체결된 무역 관련 규칙들은 이제는 모두 세계 무역 기구에서 관리, 감독하고 있어. 협정을 어기거나 분쟁이 발생하였을 경우에도 모두 세계 무역 기구가 나서서 해결하고 있지.

하지만 세계 무역 기구가 출범하였다고 해서 무역에 있어서 좋은 점만 있는 건 아니야. 국가 간 무역 장벽이 없어지다 보니 어떤 경우에는 자국의 경제가 더 위험한 상황에 빠지기도 했어. 그런 나라들은 대부분 개발 도상국이나 후진국들이야. 선진국에 비해 모든 여건들이 좋지 않은 이들 국가들은 많은 사람들이 일자리를 잃었고, 더 가난하게 되었어.

세계 무역 기구가 국가 간 공정한 무역을 관리하기 위해 설립되었다고 한다면 앞으로 이런 경제적 불평등 문제는 반드시 해결해야 될 과제야. 또 각국은 무역에 있어서 손해가 나지 않도록 다방면으로 연구하여 대비책을 마련해야 할 의무가 있어.

자유 무역 협정(FTA)이란 무엇인가?

요즘 무역과 관련해서 가장 많이 듣는 이름이 '자유 무역 협정'일 거야. 그동안 세계 무역 기구 체제 아래에서 자유롭게 무역을 해 왔는데, 갑자기 자유 무역 협정이라는 말이 나오게 되었을까? 또 세계 무역 기구와는 어떤 차이가 있는지도 궁금할 거야.

자유 무역 협정은 두 나라간 좀 더 자유롭게 무역을 하자는 약속이야. 세계 무역 기구 아래서는 회원국 전체에 대해 같은 조건으로 무역을 하는 것임에 반해, 자유 무역 협정은 무역을 하는 두 나라 사이에서만 적용되는 협정이야. 특히, 자국의 산업을 보호하기 위해 설정해 놓은 관세를 철폐하자는 것이 핵심 내용이지.

자유 무역 협정은 서로에게 필요한 것이 있는 두 나라 간 무역을 하게 되면 더 큰 이익을 볼 수 있을 것이라는 생각에서 시작하게 되었어. 그런데, 이런 자유 무역 협정도 많은 문제점이 발생하게 되었어. 농산물이나 축산물 부분에서 이루어지는 자유 무역 협정은 우리나라의 경우 농업을 더 힘들게 할 수도 있기 때문에 많은 반대에 부딪혔던 거야.

그렇다면 농업 부분을 빼고 자유 무역 협정을 체결하면 되지 않겠냐고 말할 수도 있는데, 상대 국가 입장에서는 농산물 수출을 강력하게 요구하고 있기 때문에 문제 해결이 어려운 상황이야. 그동안 세계 무역 기구 체제에서는 우리나라의 경우 농산물과 축산물에 대해서는 엄격한 제한을 하여 보호하고 있었어. 그런데 자유 무역 협정을 체결하면서는 이 부분이 어렵게 된 거지.

지금은 많은 나라들이 자유 무역 협정을 체결하고 있고, 우리나라도 많은 나라들과 진행할 예정이야. 이 모든 것이 국가 경제를 살리기 위한 일이라고 한다면 그것으로 인해 피해를 볼 수 있는 사람들도 배려하는 정책이 무엇보다 필요한 때야.

현재 우리나라와 자유 무역 협정을 체결하여 발효된 나라 및 국가 연합은 칠레, 싱가포르, 유럽 자유 무역 연합(EFTA), 동남아시아 국가 연합(ASEAN), 인도, 유럽 연합(EU), 페루, 미국, 터키, 호주, 캐나다, 중국, 뉴질랜드, 베트남, 콜롬비아까지 15곳이야. 전 세계 52개국과 자유 무역을 하고 있는 셈이지.

제4장 인간보다 더 귀한 존재는 없어
/인간, 인권, 평등에 관한 조약

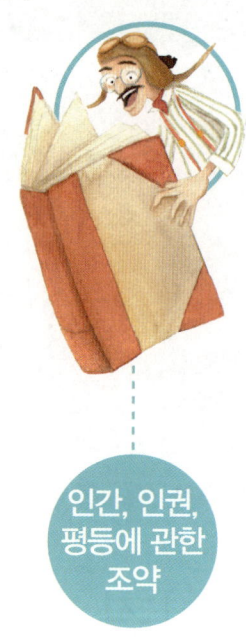

인간, 인권,
평등에 관한
조약

제네바 협약

전쟁을 조금 극단적으로 표현하면 상대방을 더 많이 죽인 쪽이 승리한다는 거야. 이런 전쟁터에서 부상을 당한 사람이나 병자들을 살리자는 주장은 조금은 이상하게 들릴 수도 있어. 하지만 전쟁터에서 부상당한 군인은 이제는 군인이 아니라 나약한 한 명의 인간이기 때문에 보호해야 한다는 생각에 많은 사람들이 지지를 보내고 있지.

> ① 체결 당사국 : 스위스, 프랑스, 벨기에 등 12개국
> ② 체결 시기 : 1864년
> ③ 체결 장소 : 스위스 제네바
> ④ 체결 이유 : 전쟁 중 부상자와 병자들에 대한 인도적 대우

　제네바 협약은 쉽게 말하면 전쟁에서 부상당한 사람들이나 병자들을 보호하기 위해 맺은 일련의 조약이야. 1864년에 처음 체결된 이 조약은 1949년까지 모두 네 차례의 수정, 보완을 거쳐 완성되었고, 현재까지 전쟁의 폐허 속에서도 인도주의적 평화를 꽃피우려는 인류의 노력을 상징하는 조약으로 기록되고 있어.

　제네바 협약이 나오게 된 배경에는 스위스의 사업가였던 장 앙리 뒤낭의 노력이 컸어. 뒤낭은 1859년 솔페리노 전투(이탈리아의 통일을 놓고 사르데냐-프랑스 연합군과 오스트리아군의 전투)의 참상을 목격하고 제네바 협약을 제안하게 되었어.

　뒤낭은 아무리 큰 목적을 갖고 하는 전쟁이라도 부상병들과 병에 걸린 병사들을 그대로 방치하여 죽게 내버려 둔다는 것은 차마 인간으로서 못할 짓이라고 생각했어. 그래서 전쟁터에서 병사들을 간호할 인력을 양성하고 관리할 중립적인 민간단체를 만들 것과 이런 민간단체를 지원할 수 있도록 국가 간 조약을 맺자고 주장했어.

　뒤낭의 주장은 전쟁만을 생각하면 앞뒤가 맞지 않은 주장이었지만 인간의 존엄성을 생각하면 충분히 공감할 수 있는 주장이었고, 많은 사람들이 뒤낭의 주장에 동의하게 되었어. 무엇보다 전쟁 지

휘관들에게도 뒤낭의 주장은 일리가 있었어. 왜냐하면 전쟁터에서 자국의 부상당한 병사들을 민간단체에 맡기면 전쟁 수행이 훨씬 편리했기 때문이야.

이렇게 해서 1863년 2월 스위스 제네바에서 뒤낭의 주장을 실현할 위원회가 만들어졌고, 그해 11월에는 14개국 대표들이 모여 부상병들을 치료하기 위한 국제 규약을 만들자는 합의를 하였어.

1864년 8월 제네바에서 12개국 대표들이 모여서 회담을 갖고 전쟁터에서 부상자들을 치료하기 위한 조약을 체결했어. 이 협약이 바로 제네바 협약이야.

제네바 협약의 주요 내용은 다음과 같아.

> 첫째, 체결 당사국은 부상병을 싣고 가는 차량과 야전 병원은 중립으로 간주해서 공격하지 않는다.
> 둘째, 체결 당사국은 부상당한 상대방 병사를 치료해 준 민간인에게 불이익을 주지 않는다.
> 셋째, 체결 당사국은 부상당한 병사나 병이 있는 병사는 국적을 불문하고 치료를 해 주어야 하며, 자기 나라로 돌려보낸다.

1864년 맺어진 제1차 제네바 협약은 비교적 단순한 내용이었지만 아군과 적군을 가리지 않고 치료해 준다는 인도주의 정신을 담고 있었기 때문에 상당히 의미 있는 조약으로 평가받고 있어.

제네바 협약은 1906년 '제2 협약'이 체결되면서 수정, 보완 되었는데, 핵심 내용은 바다에서의 전쟁이라도 똑같이 제네바 협약을 준수하자는 거야. 1864년의 제네바 협약은 그 적용 범위가 육지에서 일어난 전쟁에만 해당되었기 때문에 새롭게 조약을 체결했던 거지.

1929년에는 다시 제네바 협약이 수정, 보완되어 '제3 협약'이 체결되었는데, 이는 제1차 세계 대전 때문이었어. 제3 협약의 핵심 내용은 전쟁 포로에 대해서도 적절한 치료와 함께 인도주

장 앙리 뒤낭

의적 입장에서 대우하고, 전쟁이 끝난 다음에는 자국으로 돌려보내 준다는 거야. 적국의 병사를 비용을 들여서 치료해 주고, 전쟁이 끝난 다음에 돌려보내 준다는 약속은 쉬운 결정은 아니었어. 하지만 당시 전쟁의 참혹함을 목격한 사람들은 인도주의적 입장에서 전쟁을 바라보게 되었고, 모두가 같은 피해자라는 생각이 있었기 때문에 제3 협약이 체결될 수 있었어.

하지만 제3 협약은 제2차 세계 대전 때는 많은 부분 지켜지지 않았어. 전쟁이 갈수록 격렬해지고 가혹해지면서 포로들에 대한 반감이 더 크게 작용했기 때문이야.

제2차 세계 대전 때는 전쟁에 참가하는 군인뿐만 아니라 민간인에 대한 피해도 상당히 컸어. 전쟁이 끝난 후 제네바 협약은 다시 수

정, 보완되어 1949년 '제4 협약'이 체결되었어. 제4 협약의 핵심 내용은 전쟁 범죄를 저지른 국가의 지도자나 지휘관을 처벌하자는 거야. 민간인에 대한 보호 내용도 이 조약에 포함되었어.

이렇게 해서 제네바 제4 협약의 내용을 총괄하면, '전장에서 부상자, 병자의 상태 개선에 관한 조약, 해상에서 부상자, 병자, 조난자의 상태 개선에 관한 조약, 포로의 대우에 관한 조약, 전쟁 중 민간인 보호에 관한 조약'까지 4개의 조약으로 구성되어 있어.

제네바 협약은 1949년 제4 협약이 체결된 후에는 조약의 내용을 좀 더 자세하게 규정하기 위하여 1977년에는 제1, 2 의정서를 추가하였고, 2005년에도 제3 의정서를 추가하였어.

제네바 협약에는 현재 195여 개국이 가입하고 있긴 하지만 전쟁이 터졌을 경우 협약의 내용을 얼마나 잘 지키는지, 또 협약을 어겼을 경우 어떤 강력한 처벌을 할 수 있는지에 대해서는 아직까지 부족한 부분이 많아.

하지만 참혹한 전쟁터에서도 최소한 인간의 존엄성을 지켜 주자는 뒤낭의 그 정신을 많은 사람들이 공감하고 있는 한 제네바 협약은 매우 큰 가치가 있는 조약이라 할 수 있어.

장 앙리 뒤낭은 어떤 사람인가?

장 앙리 뒤낭은 1828년 5월 8일 스위스 제네바에서 태어났어. 뒤낭의 아버지 장 자크 뒤낭은 당시 부유한 기업가이자 시의회 의원으로 활동하고 있었고, 어머니는 독실한 기독교인이었어. 뒤낭의 부모님들은 고아원이나 소년원에서 봉사 활동을 하시곤 했는데, 이는 뒤낭에게도 많은 영향을 주었어.

부모님의 봉사 활동을 보고 자란 뒤낭은 청소년 시절부터 가난한 사람들과 환자들을 돌보는 일을 시작했고, 친구들과 빈민 구호 단체를 만들기도 했어.

뒤낭은 1853년 스위스에 있는 은행에 취직하여 아프리카의 알제리로 갔는데, 그곳에서 막대한 이익을 올릴 수 있는 일이 있음을 알게 되었어. 뒤낭은 곧바로 은행을 그만두고 알제리에서 제분 회사를 설립했어.

하지만 회사는 생각만큼 성과가 나지 않았고, 자금난에 처한 뒤낭은 주변 여러 곳에 도움을 청했지만 그마저도 여의치 않았어. 1859년 뒤낭은 알제리를 식민 통치하고 있던 프랑스 황제를 찾아가 도움을 청할 결심을 하고, 북이탈리아에서 오스트리아군과 전쟁

〈솔페리노 전쟁〉을 치르고 있는 나폴레옹 3세를 찾아갔어.

    전쟁터에서 일개 사업가가 황제를 만난다는 것은 쉬운 일이 아니었어. 결국 뒤낭은 황제도 만나지 못하고 돌아오게 되었는데, 그곳 전쟁터에서 수만 명의 사망자와 부상자를 목격하게 되었어.

    뒤낭은 부상자들을 보고는 그 자리를 떠날 수가 없었고, 곧바로 부상자들을 치료하는 일에 뛰어들었어. 1862년 뒤낭은 이때의 경험을 《솔페리노의 회상》이라는 책으로 출간했어. 그는 이 책에서 전쟁 중 부상자들을 치료할 민간단체를 설립하자고 제안했어.

    뒤낭의 이 제안은 많은 유럽 국가들의 호응을 받았고, 그 결과 1863년 국제 적십자 위원회가 창설되었어. 그리고 이듬해인 1864년에는 제네바에서 전쟁 중 부상자들과 병자들의 구호 활동을 목적으로 하는 제네바 협약이 체결되었어.

    이후 뒤낭은 자신의 모든 재산을 적십자의 구호 활동에 썼고, 1901년에 박애 정신과 평화에 기여한 공로가 인정되어 제1회 노벨 평화상을 수상했어. 세계는 인도주의 정신을 실천한 그의 업적을 기리기 위해 그의 생일인 5월 8일을 적십자의 날로 정했어.

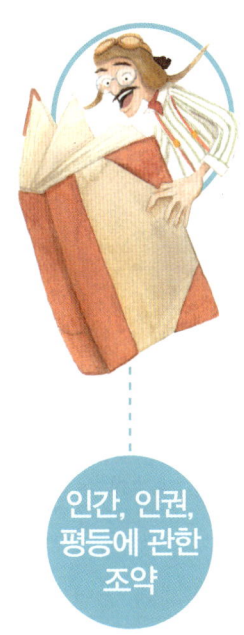

인간, 인권, 평등에 관한 조약

난민 지위에 관한 협약

'난민 지위에 관한 협약'은 글자 그대로 난민의 권리 보호를 위해 만든 조약이야. 흔히 '난민 협약'이라고 불러. 이 협약은 제2차 세계 대전 후 늘어나는 난민 문제를 해결하기 위해 1951년 유엔에서 채택한 조약이야.

난민은 쉽게 말하면 정치, 사상적 차이나 인종, 종교 등에 관한 견해 차이로 박해를 받을 것을 우려하여 다른 나라로 탈출하는 사

① 체결 당사국 : 유엔 총회 참석국
② 체결 시기 : 1951년
③ 체결 장소 : 스위스 제네바
④ 체결 이유 : 난민들의 권리 보호

람들을 말해. 난민들은 자기 나라의 보호를 받을 수 없거나 보호받기를 거부하는 사람들이지.

난민은 전쟁이나 갈등 관계에 놓인 나라에서 발생하는 경우가 많아. 난민들이 많이 발생한 건 제2차 세계 대전 이후야. 세계는 갈수록 늘어나는 난민들을 구제하기 위해서 어떻게든 방법을 만들어야 했어. 1950년 유엔은 산하에 '유엔 난민 기구'를 만들어 난민을 보호하고 돕기 시작했지.

하지만 유엔 난민 기구로만 난민 문제를 해결하기에는 한계가 있었어. 유엔은 세계의 많은 나라들이 난민 문제에 협력하기를 바라는 의미에서 1951년 '난민 지위에 관한 협약(난민 협약)을 채택했어. 이 협약에는 난민의 지위와 권리에 대한 규정이 자세히 설명되어 있어.

당시 채택된 난민 협약에는 시간과 지역에 관계 되는 중요한 규정이 한 가지 있었어. 그것은 난민 협약이 1951년 이전에 발생한 난민과 유럽 지역에서 발생한 난민에게만 적용된다는 규정이었어. 다시 말하면 1951년 이후 발생되는 난민과 유럽 지역 이외에서 발생한 난민들은 협약의 대상이 되지 않았던 거야.

난민은 유럽에서만, 또 1951년 이전에만 발생한 것이 아니었어. 그 이후에도, 다른 대륙에서도 많은 전쟁과 갈등으로 난민은 끊임없이 늘어나고 있었어. 그래서 유엔은 1967년 '난민 지위에 관한 의정서'를 채택하여 난민 협약에 규정된 시간적, 지역적인 제한을 없애 버렸어. 난민 협약과 난민 지위에 관한 의정서를 합쳐서 '국제 난민 조약'이라 부르기도 해.

국제 난민 조약의 주요 내용은 다음과 같아.

> **첫째,** 체결 당사국은 난민에게도 신분증명서와 여행 증명서, 이동의 자유, 재산 이전의 자유 등을 보장해 주어야 한다.
> **둘째,** 체결 당사국은 불법 난민이라 하더라도 당국에 출두하여 그 이유를 밝힌 자에 대해서는 형벌을 가해서는 안 된다.
> **셋째,** 체결 당사국은 국가의 안전이나 공공질서를 이유로 하는 경우가 아니면 합법적으로 체류한 난민을 추방해서는 안 된다.
> **넷째,** 체결 당사국은 난민을 박해의 우려가 있는 지역으로 추방해서도 안 된다.

그런데 난민의 경우에도 다음과 같은 경우에는 국제 난민 조약의 적용을 받을 수가 없어. 유엔 관련 기구에서 보호 또는 원조를 받고 있는 자나 현재 거주국에서 권리와 의무를 가진다고 인정되는 자, 전쟁 범죄인, 평화와 인도주의에 반하는 죄를 지은 자, 비정치 범죄인, 유엔의 목적이나 원칙에 반하는 행위를 한 자 등은 보호를 받을 수가 없어.

　유엔 난민 기구의 통계에 의하면 지금도 전 세계 난민의 수는 5천만 명이 넘는다고 해. 이들 난민 대부분은 아프리카, 중동 지역에서 발생하고 있어. 이렇게 아프리카와 중동 지역에서 난민이 많이 발생하는 것은 이 지역이 지구상에서 가장 심각한 분쟁 지역이기 때문이야. 2015년에도 시리아 내전으로 인해 많은 난민들이 발생하였고, 이들이 배를 타고 탈출하려다 많은 사람들이 사망하는 사건도 발생했어.

　유엔은 국제 난민 조약의 의미를 다시 한 번 되새기고, 전 세계가 난민 보호에 앞장서야 한다는 메시지를 전달하기 위하여 매년 6월 20일을 '세계 난민의 날'로 지정하여 기념하고 있어.

유엔 난민 기구는 어떤 기구인가?

유엔 난민 기구는 난민을 보호하고 돕기 위하여 설립된 유엔의 전문 기구야. '유엔 난민 고등 판무관 사무소'라고도 불러. 고등 판무관이란 특별한 임무를 띠고 각국에 파견되는 외교관을 말하는데, 여기서는 난민을 보호하기 위해 파견되는 외교관을 뜻해.

난민 문제가 처음으로 대두된 것은 제1차 세계 대전 때부터였어. 전쟁으로 인해 유럽 지역에 수많은 난민이 발생하자 유엔의 전신이었던 국제 연맹은 고등 판무관을 임명하여 난민 문제를 해결하려고 노력했어.

제2차 세계 대전이 터진 이후에는 유엔이 '국제 난민 기구'를 설립하여 난민들을 구호하고 법적인 보호를 하려고 힘을 쏟았어. 하지만 국제 난민 기구는 당시 각국의 정치적 상황이 불안하여 충분한 지원을 받지 못하고 있었어. 이에 갈수록 늘어나는 난민 문제를 해결하기 위해서는 새로운 기구의 설립이 필요하다는 주장이 제기되었어.

그 결과 1950년 12월 유엔 총회에서는 난민 문제를 해결하기 위하여 유엔 난민 기구의 창설을 결의했어. 그리고 1951년 1월 30여

명의 직원과 적은 예산으로 유엔 난민 기구의 활동이 시작되었어. 원래 유엔 난민 기구는 3년간만 활동하고 해체할 예정이었는데, 계속해서 난민들이 발생하자 3년마다 계속 그 활동이 연장되었고, 2003년에는 난민 문제가 완전히 해결될 때까지 업무를 수행하기로 결정되었어.

유엔 난민 기구의 가장 큰 목표는 난민들의 권리와 복지를 보호하는 거야. 구체적으로 어떤 난민이든 보호를 신청할 권리와 자유 의사로 자국에 돌아갈 수 있는 권리, 다른 나라에서 안전한 생활을 보장받을 권리를 누릴 수 있도록 돕는 역할이야.

유엔 난민 기구가 하는 활동에는 막대한 경비가 들어가는데, 모든 경비는 각국 정부와 민간단체들의 기부금으로 충당하고 있어. 현재에도 유엔 난민 기구는 전 세계 100여 개국이 넘는 나라에 사무소를 두고 있으며, 케냐, 레바논, 남수단, 이라크, 아프가니스탄, 콩고 등지에서 국내 이재민과 난민들을 돕는 활동을 하고 있어. 이런 활동으로 유엔 난민 기구는 1954년과 1981년에 두 차례에 걸쳐 노벨 평화상을 수상했어.

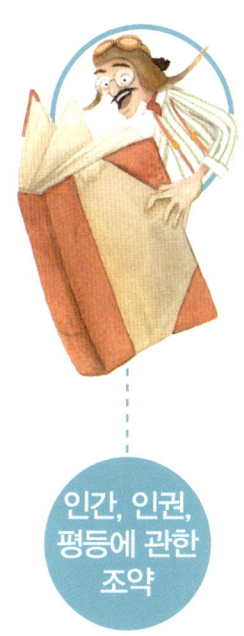

인간, 인권, 평등에 관한 조약

인종 차별 철폐 협약

'모든 인간은 평등하다.'

이 말은 누구나 알고 있는 진리지만 실제 현실에서는 그렇지 않은 경우가 많아. 전 세계적으로도 피부색이 다르다는 이유로, 같은 종족이 아니라는 이유로 많은 차별이 가해지고 있는 실정이야.

대표적인 경우가 바로 남아프리카 공화국의 인종 차별 정책이었어. 지금은 아니지만 과거 남아프리카 공화국에서는 '아파르트헤이

① 체결 당사국 : 유엔 총회 참석국
② 체결 시기 : 1965년
③ 체결 장소 : 미국 뉴욕
④ 체결 이유 : 모든 형태의 인종 차별 금지

트'라는 인종 차별 정책이 존재했어. 아파르트헤이트는 소수의 백인이 다수의 흑인들을 차별하는 아주 극단적인 인종 차별 정책이야. 백인이 아니면 직업이나 사는 곳도 마음대로 정할 수 없었고, 토지도 가질 수 없었어. 또 흑인들은 백인들과는 같은 버스도 탈 수 없었고, 백인과 결혼하는 것도 금지되었으며, 선거에서도 차별을 받았어.

당시에 이런 인종 차별은 남아프리카 공화국뿐만 아니라 세계 여러 곳에서도 많이 일어나고 있었어. 세계는 1948년 채택된 세계 인권 선언에 의거, 인간의 존엄성과 가치를 지켜 주기 위하여 세계 곳곳에서 발생하는 모든 형태의 인종 차별은 없어져야 한다는 것에 뜻을 같이했어.

그 결과 1963년 11월 유엔 총회에서는 '인종 차별 철폐 선언'을 만장일치로 채택했어. 이 선언은 인종 차별을 인간의 존엄성을 침해하고, 평화와 안전을 파괴하는 것으로 규정하고, 각국에서 일어나고 있는 모든 형태의 인종 차별에 대해 적극적인 조치를 취하도록 권고하는 내용이야.

하지만 선언만으로는 큰 효과를 볼 수 없다고 판단한 유엔은 각국과 조약을 체결하여 보다 확실하게 인종 차별 문제를 해결하려고 시도했어.

유엔의 이런 노력으로 1965년 12월 유엔 총회에서 '인종 차별 철폐 협약'이 채택되었어. 1969년 1월에 발효된 이 조약의 정식 명칭은 '모든 형태의 인종 차별 철폐에 관한 국제 협약'이야.

협약에서는 인종 차별의 의미를 인종이나 피부색에 따라 어떤 제한을 두거나 우선권을 주는 행위라고 규정하고 있어. 결국 이런 인종 차별은 인간의 인권과 기본적인 자유를 침해한다는 거야.

인종 차별 철폐 협약의 주요 내용은 다음과 같아.

- 첫째, 체결 당사국은 인종 차별을 규탄하고, 모든 형태의 인종 차별 철폐와 인종 간의 화합을 위해 노력한다.
- 둘째, 체결 당사국은 특히, 남아프리카 공화국의 인종 차별 정책을 규탄하고, 그런 정책을 없애기 위해 공동의 의무를 진다.
- 셋째, 체결 당사국은 어떤 인종이나 종족, 특정 피부색을 가진 집단이 우수하다는 이론이 있으면 그에 대해 규탄하고, 인간적 차별을 정당화하려는 집단이 있을 때도 함께 규탄한다. 또한 그런 이론이나 집단에 대해서 즉각적인 조치를 취한다.
- 넷째, 체결 당사국은 인종 차별을 당한 사람들을 보호하고 구제할 의무가 있으며, 적절한 보상을 해 주려고 노력한다.
- 다섯째, 체결 당사국은 인종 차별을 초래하는 모든 형태의 편견에 대항하기 위하여 인종 차별 철폐 선언과 협약의 내용을 널리 알린다.
- 여섯째, 체결 당사국은 인종 차별 철폐에 관한 위원회를 설치한다(위원회는 각국에서 일어나고 있는 인종 차별에 대해서 심의하고 적절한 조치를 취할 수 있는 기구임).

아파르트헤이트 반대 포스터

인종 차별을 없애기 위해서 채택된 인종 차별 철폐 협약은 어느 정도 효과를 보았어. 하지만 인종 차별이 가장 심했던 남아프리카 공화국은 이후에도 아파르트헤이트 정책을 계속해서 시행하였고, 1994년 넬슨 만델라가 대통령이 되면서 비로소 폐지되었어.

지금은 겉으로 드러난 인종 차별은 거의 사라졌다고 말할 수 있지만 아직도 세계 곳곳에서는 인종, 종족, 피부색이 다르다는 이유로 차별을 당하는 사람들이 많은 실정이야.

아파르트헤이트는 어떤 것인가?

아파르트헤이트는 남아프리카 공화국의 공용어인 아프리칸스어로 '분리, 격리'를 뜻하는 말인데, 실제적으로는 남아프리카 공화국의 극단적인 인종 차별 정책을 뜻하는 용어야. 이 정책은 1948년 공식적으로 채택되어 시행되어 오다가 1994년 넬슨 만델라가 대통령에 당선되면서 폐지되었어.

아파르트헤이트의 핵심은 백인들은 모든 면에서 우대하고, 흑인과 혼혈 인종은 극단적으로 차별한 정책이야. 백인들은 아파르트헤이트가 차별이 아니라 분리에 의한 발전이라고 선전하면서 흑인들을 가혹하게 차별했어. 남아프리카 공화국 전체 인구 중 백인은 16% 밖에 되지 않았지만 이들이 나머지 84%의 흑인들과 혼혈 인종을 가혹하게 차별했던 거야.

흑인들은 직업도 마음대로 가질 수 없었고, 토지도 소유할 수 없었으며, 백인과의 결혼도 금지되었어. 또한 흑인들은 백인들이 타는 버스에는 탈 수도 없었고, 공공시설도 마음대로 사용하지 못했어. 또한 흑인들은 노동조합도 결성할 수 없었고, 선거에서도 차별을 받았어.

이런 남아프리카 공화국의 인종 차별 정책에 대해 유엔과 세계의 많은 나라들은 문제를 제기하였고, 아파르트헤이트의 폐지를 촉구했어. 하지만 남아프리카 공화국은 아파르트헤이트는 국내의 문제라고 하면서 유엔의 촉구를 무시했어.

남아프리카 공화국이 계속해서 인종 차별 정책을 고수하자 세계의 많은 나라들도 점차 남아프리카 공화국에 대한 비난의 강도를 높이기 시작했어. 1962년에는 남아프리카 공화국과의 국교 단절과 상황을 감시하기 위한 위원회가 설립되었고, 1965년에는 유엔에서 인종 차별 철폐 협약이 채택되었어. 1973년에는 '아파르트헤이트 범죄의 진압 및 처

넬슨 만델라

벌에 관한 국제 협약'이 유엔에서 채택되기도 했어. 당시 이 협약에는 99개국이 가입했는데, 아파르트헤이트를 인도주의에 대한 죄라고 규정하고, 아파르트헤이트 죄를 범한 자에게는 국제 형사 책임을 적용하여 처벌하자고 약속했어.

　이뿐만 아니라 세계는 남아프리카 공화국에 대해 경제 제재까지 가하였고, 남아프리카 공화국은 올림픽이나 월드컵에도 참가하지 못하도록 했어.

　세계적인 비난과 경제적 압박이 계속되자 남아프리카 공화국의 백인 정권도 아파르트헤이트를 지속시킬 수가 없었어. 1990년부터 인종 차별과 관련된 법률들을 대부분 폐지하기 시작했고, 1994년 넬슨 만델라가 대통령에 당선되면서 아파르트헤이트는 폐지되었어.

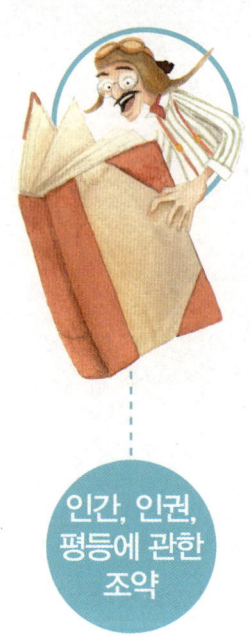

인간, 인권,
평등에 관한
조약

국제 인권 규약

　인권이란 무엇을 말하는 것일까? 이 말은 쉬운 것 같으면서도 그 말이 포함하고 있는 의미는 결코 쉽지가 않아. 인권의 사전적 의미는 '인간으로서 당연히 가지는 기본적인 권리'를 말해. 우리는 인간으로 태어난 그 순간부터 누려야 할 기본적인 권리가 있다는 의미야. 인간은 이 세상에서 가장 귀하고, 존중받아야 할 존재라는 뜻이지. 하지만 이런 인권은 그동안 보호받거나 존중받지 못했던 게 사

① 체결 당사국 : 유엔 총회 참석 35개국
② 체결 시기 : 1966년
③ 체결 장소 : 미국 뉴욕
④ 체결 이유 : 인권의 국제적인 보호

실이야.

그래서 이런 인권을 보호하기 위하여 1948년 12월 유엔 총회에서는 '세계 인권 선언'을 채택했어. 조금 늦은 감은 있지만 그나마 세계 인권 선언이 채택됨으로써 인간이 세상에서 가장 귀한 존재이며, 보호받고 존중해 주어야 한다는 생각이 널리 알려지게 되었어.

하지만 세계 인권 선언은 한계가 있었어. 그건 이 선언이 법적인 구속력은 없다는 거야. 만약 어느 나라가 인권을 무시하는 행동을 하더라도 그 나라에게 법적인 책임을 물을 수가 없었어. 이런 이유로 세계는 인권 보호를 위해 법적으로 책임을 물을 수 있게 조약을 만들자는 생각을 하게 되었어.

유엔은 1966년 12월 총회를 열어 세계 인권 선언의 실현을 위해 '국제 인권 규약'을 채택했어. 이 규약은 35개 나라가 비준을 마치고 1976년 3월 발효되었어.

국제 인권 규약은 크게 두 영역으로 나누어져 있어. 하나는 '경제적, 사회적, 문화적 권리에 관한 국제 규약'인데, 다른 말로 '사회권 규약' 또는 'A 규약'이라고 불러. 다른 하나는 '시민적, 정치적 권리에 관한 국제 규약'인데, 다른 말로 '자유권 규약' 또는 'B 규약'이라고 해.

A 규약과 B 규약이 공통으로 지니고 있는 핵심 내용은 인간은 자신의 일은 스스로 결정하고 해결할 권리를 가지며, 국가는 이를 위해 노력하고 존중해야 한다는 거야.

A 규약은 주로 국가가 법률상으로 보장해 주어야 할 의무를 규정하고 있는 조약인데, 여기에는 일할 권리, 안전하고 좋은 환경에서 일할 권리, 사회보장을 받을 권리, 가정이 보호받을 권리, 적절한 생활 수준을 보장받을 권리, 교육을 받을 권리, 문화생활에 참여할 수 있는 권리 등이 포함되어 있어.

B 규약은 주로 개인이 가질 수 있는 권리를 규정하고 있는 조약인데, 여기에는 생명을 보호받을 권리, 인도적으로 대우 받을 권리, 노예 상태에 놓여 있지 않고 강제 노동을 받지 않을 권리, 신체의 자유와 안전에 대한 권리, 거주 이전의 자유에 대한 권리, 평등한 법 적용을 받을 권리, 사생활 보호를 받을 권리, 종교의 자유에 대한 권리 등이 포함되어 있어. 또한 생명권 등 개인의 기본적인 권리에 대해서는 국가 비상 상황 시에도 침해하지 못하도록 규정하고 있어.

특히, B 규약은 부칙 형태의 선택 의정서를 두고 있는데, 여기에는 B 규약에서 정해 놓은 개인의 권리에 대해 그 권리를 침해당했을 경우 심사받을 수 있는 권한을 부여하고 있어. 또 이런 심사를 위해서 B 규약에는 '자유권 규약 위원회'를 설립하여 운영하도록 규정하고 있어.

국제 인권 규약은 인권의 보호를 위해 법적인 책임을 물을 수 있도록 하려고 만든 조약이지만 세계 인권 선언의 내용보다 훨씬 광범위하게 인권을 규정하고 있기도 해. 소수 집단에 대한 인권 보장이나 자유를 박탈당한 사람이라도 인도적으로 대우받을 권리, 인간의 고유한 존엄성을 존중받을 권리, 모든 아동들의 국적 취득 권리, 모든 아동은 특별한 보호를 받을 권리 등은 세계 인권 선언엔 없는 내용들이야.

인권은 그 어떤 상황에서도 존중받고 보호받아야 할 가장 기본적인 권리야. 많은 나라들이 국제 인권 규약에 서명하여 인권을 존중하고 보호하고 있지만 아직도 일부 나라들은 인권을 무시하는 경우가 많이 있어. 하루빨리 전 세계 모든 나라들이 국제 인권 규약에 가입하여 인권의 가치를 실현해 나갈 수 있도록 노력해야겠어.

세계 인권 선언은 어떻게 만들어졌을까?

　인권에 대해 많은 사람들이 관심을 가지게 된 결정적인 사건은 제1, 2차 세계 대전이야. 두 차례의 큰 전쟁으로 인해 수많은 죽음을 목격한 사람들은 생명을 소중히 여기고, 인권을 보호해야 한다고 생각하게 되었어.

　이런 생각을 먼저 실천에 옮긴 건 유엔이었어. 전 세계인들의 인권 보호를 위해 '유엔 인권 위원회'를 만들었고, 초대 위원장으로 미국에서 4번이나 대통령을 역임했던 프랭클린 루스벨트의 부인인 엘리노어 루스벨트를 임명했어. 위원회는 인권 선언문을 만드는 중요한 임무를 부여받았는데, 각 나라가 처한 입장이 다르기 때문에 세계 공통의 인권 선언문을 만드는 것은 쉬운 일이 아니었어.

　위원회는 세계가 공감할 수 있는 최선의 내용을 담아서 1948년 6월에 세계 인권 선언문을 완성했어. 그리고 그해 12월 10일 파리에서 개최된 유엔 총회에서 당시 가입국 58개국 중 50개 국가가 찬성하여 '세계 인권 선언'은 공식적으로 채택되었어.

　모든 인간은 태어날 때부터 존엄하며, 평등한 권리를 가진다는 것이 세계 인권 선언의 핵심 내용이야. 세계 인권 선언은 전문과 본문 30개 조항으로 구성되어 있는데, 정치, 사회, 경제, 노동, 교육, 문화 등 모든 분야에서 인간이 누려야 할 권리를 규정하고 있어.

　세계 인권 선언은 모든 인간과 모든 장소에서 똑같이 적용된다는 사실을 세계 최초로 인정한 선언이라는 데 그 가치가 있어. 현재 이 선언은 세계 250여 개의 언어로 번역되어 알려져 있고, 수많은 국제조약이나 국제 선언에 가장 기준이 되고 있으며, 세계 각국의 헌법과 법률에 반영되어 있어.

　특히, 유엔은 세계 인권 선언의 중요성을 알리기 위해 '인권의 날'을 제정하여 기념하고 있어. 인권의 날은 세계 인권 선언이 채택된 날을 기념한다는 의미에서 12월 10일로 정했어. 그런 의미로 인권의 날은 '세계 인권 선언일'이라고도 불러.

　세계 인권 선언은 유엔의 결의이기 때문에 직접적인 법적 구속력은 없지만 오늘날 거의 모든 나라의 헌법이나 기본법에 그 내용이 반영되어 있어. 세계 인권 선언은 지금까지 유엔 총회에서 결의한 수많은 내용 중 가장 유명한 선언이라고 해. 이는 인권의 가치와 위상이 얼마나 대단한 것인지 알려 주는 대목이야.

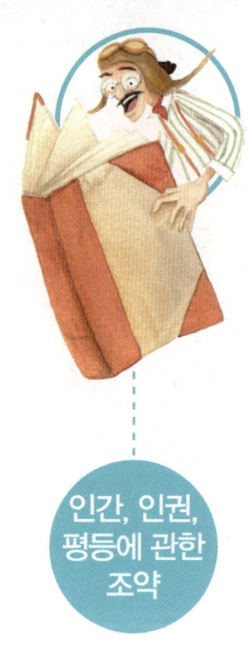

인간, 인권, 평등에 관한 조약

고문 금지 조약

'고문'이란 공무원 또는 그에 준하는 자가 정보 취득 또는 자백을 얻어낼 목적으로 어떤 특정인에게 육체적·정신적 고통을 가하는 행위를 말해. 인간이 같은 인간을 고문한다는 것은 가장 비인간적인 행위라고 말할 수 있어.

고문 금지 조약은 글자 그대로 이런 비인간적인 고문을 방지하기 위해서 만든 조약이야. 어떤 정보나 자백을 얻어 낼 목적으로 사

① 체결 당사국 : 유엔 총회 참석국
② 체결 시기 : 1984년
③ 체결 장소 : 미국 뉴욕
④ 체결 이유 : 고문 방지 목적

람을 가혹하게 고문하는 행위는 아주 오랜 옛날부터 있어 왔어. 그런데 이런 고문에 대해 국제 사회가 금지하자는 의견을 낸 것은 비교적 근대의 일이야.

유엔은 1973년에 고문 금지에 대한 논의를 시작하였고, 2년 뒤인 1975년 고문을 금지하자는 '고문 금지 선언'을 채택했어. 유엔이 이런 선언을 채택하게 된 배경에는 당시 중남미의 군사 독재 정권들이 각종 고문을 자행하여 국제적인 비난을 받고 있었기 때문이야. 또 국제 인권 단체인 '국제 앰네스티'에서 1972년 세계적인 규모의 고문 금지 캠페인을 펼친 것도 자극이 되었어.

1975년 채택된 고문 금지 선언은 총 12개 조항으로 되어 있는데, 핵심 내용은 그 어떤 상황에서도 정보를 입수하거나 자백을 얻어낼 목적으로 육체적·정신적 피해를 고의로 가해서는 안 된다는 거야. 또한 각국이 이런 고문을 방지하기 위해서 어떤 조치를 취해야 한다고 말했어. 하지만 고문 금지 선언은 일종의 지침이지, 그 자체로 법적인 구속력이 없었어.

그래서 세계는 고문 금지에 대한 보다 확실한 약속과 처벌까지 따르는 조약을 체결해야 된다고 생각했어. 유엔은 조약에 대해 7년간이라는 긴 시간을 들여 초안을 작성한 다음, 1984년 12월 유엔 총회에서 '고문 금지 조약'을 채택했어. 이 조약의 정식 명칭은 '고문 및 그 밖의 잔혹한, 비인도적인 또는 굴욕적인 대우나 처벌의 방지에 관한 조약'이야.

고문 금지 조약의 주요 내용은 다음과 같아.

> 첫째, 체결 당사국은 자국의 영토 내에서 고문을 방지하기 위하여 모든 법적인 조치를 취한다.
> 둘째, 체결 당사국은 어떤 개인을 고문 받을 위험이 있다고 판단되는 다른 나라로 추방하거나 인도해서는 안 된다.
> 셋째, 체결 당사국은 고문 행위와 고문에 가담한 행위를 자국의 범죄로 규정하고, 이를 처벌한다.
> 넷째, 체결 당사국은 자국의 공무원이나 법 집행 요원에 대해 충분한 고문 방지 교육을 실시한다.
> 다섯째, 체결 당사국은 고문 피해자들에게 적절한 보상을 하고, 재활할 수 있는 권리를 보장한다.
> 여섯째, 체결 당사국이 아닌 어떠한 나라에서도 가해자를 처벌할 수 있다.(이는 국경을 초월하여 고문 가해자들은 처벌할 수 있다는 것을 약속한 것임)
> 일곱째, 체결 당사국은 고문 금지 위원회를 설립하여 광범위한 조사 권한을 부여한다.

고문 금지 조약이 체결되고 난 후 세계 각국은 고문에 대해 범죄로 규정하고, 고문을 없애려는 노력을 기울였어. 하지만 고문이 완전히 사라진 것은 아니었어. 전쟁 중이거나 분쟁 지역에서는 아직도 많은 고문이 자행되고 있었어.

유엔은 이런 현실을 감안하여 2002년 '고문 금지 조약 선택 의정서'를 다시 채택했어. 이 의정서는 고문 금지 조약의 내용을 보완하기 위해 채택된 부속 문서야. 의정서의 핵심 내용은 고문 의혹을 받고 있는 사람이 있는 장소에 대해 국제 감시단의 무제한적인 방문을 보장한다는 거야. 고문 행위에 대해 전 세계가 감시하고 또 이를 직접 확인할 수 있도록 조치한 거지.

이 의정서는 127개국이 찬성했고, 미국, 나이지리아, 팔라우, 마셜 등 4개국은 반대표를 던졌어. 이들 국가는 국제 감시단에 무제한적인 권한을 주는 것은 견제와 균형의 원칙에 위배된다는 이유에서 반대했어. 미국은 의정서 반대로 국제 앰네스티와 유럽 연합, 라틴 아메리카 국가들의 많은 비난을 받았어.

고문은 그 어떤 상황, 그 어떤 이유에서든지 결코 해서는 안 되는 일이야. 세계 모든 나라가 고문 문제에 대해서는 동참하는 자세가 필요한 시점이야.

국제 앰네스티 로고

국제 앰네스티 (국제 사면 위원회)는 어떤 단체인가?

국제 앰네스티는 인권과 관련된 시민 활동을 하는 국제 인권 단체야. 국가 권력에 의해 구속된 양심수들을 돕는 목적으로 설립되었기 때문에 '국제 사면 위원회'라고도 불러.

국제 앰네스티는 1961년 영국의 변호사 '피터 베넨슨'에 의해 설립되었어. 당시 포르투갈에서 자유를 위해 건배한 두 대학생이 7년의 징역형을 받자, 피터 베넨슨은 이들의 인권을 변호하기 위해 영국 잡지에 칼럼을 실었고, 이들의 사면을 위한 탄원 활동을 시작했어. 이 활동을 계기로 국제 앰네스티가 설립되었어.

국제 앰네스티는 세계 인권 선언에 기초해 인권 문제를 조사하여, 차별받거나 억압받는 사람들이 있으면 그들의 인권을 보호하는 활동과 양심수들의 석방을 위해 활발한 활동을 펼쳤어. 또 1962년부터 각국의 인권 상황을 나타내는 인권 실태 보고서를 매년 발간하고 있어.

현재까지 국제 앰네스티가 한 주요 활동은 고문 추방 운동, 사형제 폐지 운동, 여성 폭력 추방 운동, 양심수 석방 운동, 소년병 모집 반대 운동, 무기 거래 통제 운동, 난민 보호 운동 등이야.

국제 앰네스티는 정부 기관의 지원을 받으면 활동에 제약이 있다고 판단하여 지금까지 정부 기관의 지원은 받지 않고 회원들의 회비로만 운영하고 있어. 현재 전 세계 160여 개국에 300만 명의 회원들이 활동하고 있어. 우리나라에도 1972년 지부가 설립되어 정치범 석방과 고문 반대 캠페인 등의 활동을 진행했어.

  국제 앰네스티는 로고에서도 많은 관심을 받고 있는데, 노란색 바탕에 활활 타오르는 촛불에 철조망이 그려져 있어. 노란색 바탕은 긴급 상황과 희망을 의미하고, 철조망에 둘러싸인 촛불은 억압 속에서도 희망을 밝힌다는 의미를 담고 있어.

  현재 국제 앰네스티는 인권 단체 중에서는 가장 신뢰하는 단체로 인정받고 있으며, 유엔의 자문 기구 역할도 수행하고 있어. 그동안 활동한 공로를 인정받아 1977년에는 노벨 평화상을 받았고, 1978년에는 유엔 인권상을 수상했어.

인간, 인권,
평등에 관한
조약

유엔 아동 권리 협약

아동에게도 인권이 있고, 기본적으로 누려야 할 권리가 있을까? 당연한 이야기 같지만 그동안 아동은 어른에 비해 많은 부분이 소외되어 왔고, 성인들이 보호하고 통제해야 하는 존재로만 인식되어 왔어. 그 결과 기본적인 권리도 누리지 못하고 살아왔지.

그런데, 산업 혁명이 일어나고, 제1, 2차 세계 대전이 터지면서 아동의 인권에 대한 문제가 새롭게 관심을 받았어. 어린아이들이

① 체결 당사국 : 유엔 총회 참석국
② 체결 시기 : 1989년
③ 체결 장소 : 미국 뉴욕
④ 체결 이유 : 아동의 권리 보호

힘에 겨운 노동에 시달리고, 아무 죄 없는 아이들이 전쟁터에서 죽어 가는 모습을 보면서 비로소 아동에 대한 생각이 바뀌었고, 아동도 어른과 동등한 하나의 인격체로 대우해 주어야 한다고 생각하게 된 거야.

이런 아동에 대한 생각의 변화로 1924년 스위스 제네바에서는 '아동 권리 선언'을 하기에 이르렀고, 1959년 유엔 총회는 '유엔 아동 권리 선언'을 채택하면서 아동의 권리를 지켜줄 것을 호소했어.

유엔 아동 권리 선언은 아동에 대한 새로운 인식을 하게 되었다는 점에서는 상당히 큰 효과가 있었지만 각국에서 아동에 대한 권리를 보호하고 존중해 주는 데는 한계가 있었어. 각국이 처한 환경이 서로 달랐기 때문에 아동에 대해 신경 쓸 여력이 없었던 나라도 많았던 탓이야.

또 유엔의 아동 권리 선언은 어디까지나 권고 사항이었기 때문에 아동의 권리를 보호하고 존중해 주기 위해서는 보다 확실한 각국의 약속이 필요하다는 생각을 하게 되었어.

그 결과 1989년 11월 유엔 총회에서는 아동의 권리를 보다 확실하게 보장할 목적으로 '유엔 아동 권리 협약'을 만장일치로 채택했어. 이 협약은 전문과 54개 조항으로 구성되어 있고, 아동의 기본권과 이 협약에 가입한 국가들의 의무 등이 주요 내용으로 들어가 있어.

유엔 아동 권리 협약에서는 아동을 18세 미만의 아이들로 규정하고, 아동을 단순한 보호 대상이 아니라 권리를 가진 인격체로 규정할 것을 약속하고 있어. 이 협약은 크게 생존의 권리, 보호의 권리, 발달의 권리, 참여의 권리 등 4가지 분야에서 아동의 기본권을 규정하고 있는데, 그 주요 내용은 다음과 같아.

- 첫째, 생존의 권리는 인간다운 생활을 할 권리로, 적절한 생활 수준과 안전한 주거지에서 생활할 권리, 충분한 영양 섭취와 기본적인 의료 서비스를 받을 권리입니다.
- 둘째, 보호의 권리는 각종 차별 대우와 착취, 과도한 노동 등 모든 형태의 학대와 방임에서 보호받을 권리입니다.
- 셋째, 발달의 권리는 정신적, 신체적 성장에 필요한 모든 종류의 교육을 받을 권리와 문화생활과 여가를 즐길 권리입니다.
- 넷째, 참여의 권리는 자신의 의사를 표현할 자유와 자신의 생활에 영향을 주는 일에 대하여 말할 수 있는 권리입니다.

유엔 아동 권리 협약에 가입한 국가들은 모든 조치를 취하여 협약 내용을 지켜야 하고, 가입 후 2년 안에, 그 이후에는 5년마다 아동 인권 상황에 대해 '유엔 아동 권리 위원회'에 보고서를 제출하도록 되어 있어. 위원회는 이 보고서를 심의해서 해당 국가와 함께 문제점을 파악하여 해결하는 역할을 하는 곳이야.

우리나라는 1991년 11월 유엔 아동 권리 협약을 비준했고, 규정에 따라 민간단체와 협력하여 아동 인권 상황에 대한 보고서를 유엔 아동 권리 위원회에 제출하고 있어.

'유엔 아동 권리 선언'은 어떤 내용인가?

유엔 아동 권리 선언은 1959년 11월 유엔 총회에서 만장일치로 채택된 아동 권리 보장에 관한 선언이야. 이 선언은 전문과 10개 조항으로 이루어져 있는데, 1924년 제네바에서 채택한 아동 권리 선언 5개 조항을 확대하여 전 세계에 선포한 거야.

유엔 아동 권리 선언의 내용은 다음과 같아.

첫째, 아동은 아동 권리 선언에 언급되는 모든 권리를 누려야 한다.(인종, 피부, 성별, 종교, 출신, 재산, 출생 등에서 차별을 받지 않고 동등한 권리를 누려야 한다는 뜻)

둘째, 아동은 특별히 보호받아야 하고, 모든 면에서 정상적인 성장을 할 수 있도록 모든 기회와 편의가 제공되어야 한다.

셋째, 아동은 태어나면서 이름과 국적을 취득할 권리가 보장되어야 한다.

넷째, 아동은 사회 보장 제도의 혜택을 누려야 한다.(아동은 건강하게 성장하고 발달할 권리가 보장되어야 하기 때문에 출생 전후 적절한 보살핌과 관리를 받아야 하고, 적절한 영양 섭취와 의료 서비스도 받아야 한다는 뜻)

다섯째, 신체적, 정신적, 사회적 장애를 지닌 아동은 그 상태에 따라 특별한 교육과 보호를 받아야 한다.

여섯째, 아동은 가능한 부모의 책임 하에 보호를 받으며 사랑이 넘치고 안정된 가정에서 성장해야 한다.(만약 이런 환경이 주어지지 않은 아동의 경우라면 정부 차원에서 특별한 보호 조치를 할 의무가 있다는 뜻)
일곱째, 아동은 최소한 기초 단계의 의무 교육을 자유롭게 받을 권리가 있다.(아동이 사회 구성원으로 성장하기 위해서는 기본적인 의무 교육은 받아야 하고, 그 의무 교육은 정부에서 책임을 져야 한다는 뜻)
여덟째, 아동은 어떤 상황에서라도 가장 먼저 보호받고 구조되어야 한다.
아홉째, 아동은 그 어떤 형태로든지 매매의 대상이 되어서는 안 되고, 무관심, 착취, 잔혹한 행위로부터 보호되어야 한다.(아동은 신체적, 정신적 발달을 가로막을 수 있는 노동에 종사하도록 강요받아서는 안 된다는 뜻)
열째, 아동은 모든 형태의 차별로부터 보호받아야 한다.

유엔은 '아동은 신체적으로나 정신적으로 미숙하기 때문에 그 출생 전후부터 법적인 보호와 더불어 잘 보살펴야 한다.'는 취지에서 아동 권리 선언을 채택하였고, 이 선언 채택 이후 각국 정부에 아동 권리를 보장할 수 있는 모든 조치를 취해 줄 것을 요청했어.

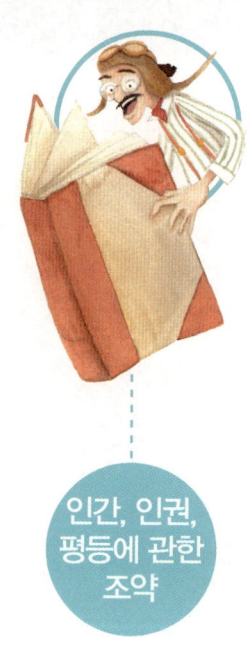

인간, 인권, 평등에 관한 조약

오타와 협약

　오타와 협약은 다른 말로 '대인 지뢰 금지 협약'이라고도 불러. '지뢰'는 땅속에 묻어 놓은 폭발물을 말하는데, 어떤 충격이 가해지면 폭발하도록 되어 있는 무기야. 지뢰 중 대표적인 것이 바로 대인 지뢰인데, 대인 지뢰는 사람의 무게가 가해지면 터지도록 설계된 폭발물이야.

　지뢰는 보통 전쟁 중에 적군의 침입을 막기 위해 설치하는데, 전쟁이

① 체결 당사국 : 영국, 프랑스 등 121개국
② 체결 시기 : 1997년
③ 체결 장소 : 캐나다 오타와
④ 체결 이유 : 대인 지뢰 금지 목적

끝난 후에도 제대로 제거되지 않아서 해마다 많은 사람들이 피해를 입고 있어. 특히 전쟁이 일어난 지역의 어린이들은 아무 곳에서나 뛰어놀다가 쉽게 피해를 당하는 경우가 많아. 그래서 어떤 사람들은 지뢰를 가리켜 '인간이 만든 가장 비열한 무기'라고도 해.

세계는 이런 지뢰의 위험에서 사람들을 보호하기 위해 지뢰 제거 활동을 시작했어. 먼저 이 활동에 뛰어든 것은 6개의 비정부 기구 단체로 이루어진 '국제 지뢰 금지 운동'이야. 1992년 설립된 국제 지뢰 금지 운동은 1997년 '오타와 협약'을 이끌어 내는 데 아주 큰 역할을 했으며, 지금까지 수많은 지뢰를 제거하고, 지뢰 피해자를 줄이는 성과를 거두었어.

국제 지뢰 금지 운동의 활동에 자극을 받은 각국 정부는 1997년 9월 노르웨이 오슬로에서 대인 지뢰를 금지하는 협약의 초안을 작성하였고, 그해 12월 캐나다 오타와에 121개국이 모여서 이 협약을 체결했어. 협약의 정식 명칭은 '대인 지뢰의 사용, 비축, 생산, 이전 금지 및 폐기에 관한 협약'이야.

오타와 협약의 주요 내용은 다음과 같아.

> **첫째,** 체결 당사국은 대인 지뢰의 사용, 개발, 비축, 생산, 이전을 전면 금지한다.
> **둘째,** 체결 당사국은 지뢰 탐지, 제거 및 폐기 기술의 개발을 위해 극히 제한된 양의 대인 지뢰에 대해서는 보유를 인정한다.
> **셋째,** 체결 당사국은 협약 발효 후 4년 이내에 비축된 대인 지뢰를 모두 폐기하고, 10년 이내에 매설된 대인 지뢰를 모두 폐기한다.
> **넷째,** 체결 당사국은 지뢰에 희생된 자들과 피해 지역에 대해 구호와 재건 사업을 지원한다.

협약 체결 이후 많은 나라에서 지뢰를 제거하기 위해 노력했어. 하지만 지뢰를 제거하는 일은 결코 쉬운 작업이 아니었어. 지뢰 제거에 많은 비용이 들어가고, 위험이 따르기 때문이야. 대인 지뢰를 1개 만드는 데 드는 비용은 5달러 정도인데, 제거하는 데 드는 비용은 1개당 약 1,000달러가 소요된다고 해.

이런 어려움에도 불구하고 오타와 협약은 많은 성과를 거두었어. 이 협약이 체결되고 난 후 약 15년 동안 2억 개로 추산되는 지뢰 중 5천만 개가 제거되었고, 협약 당시 한 해 2만 6천 명에 달하는 피해자도 4천 명으로 줄어들었어.

오타와 협약은 체결 이후 많은 성과를 거두었지만 아직도 일부 국가들은 자국의 안전을 우려해 가입하지 않고 있어. 대표적인 나라들이 미국, 러시아, 중국, 인도, 파키스탄, 북한 등이야. 우리나라도 현재 이 협약에는 가입하지 않고 있어.

오타와 협약 가입국가

　우리나라는 현재 비무장 지대에 많은 지뢰가 매설되어 있는데, 북한의 전쟁 도발 가능성이 항상 존재하는 상황에서 지뢰를 폐기하는 것은 국가 안전에 위협이 될 수 있다는 판단에서 오타와 협약에는 가입하지 않고 있는 상황이야.

국제 지뢰 금지 운동(ICBL)은 어떤 단체인가?

　국제 지뢰 금지 운동은 대인 지뢰의 사용, 생산, 거래, 비축 등을 금지하기 위해 비정부 기구들이 함께 만든 단체야. 이 단체의 설립부터 활동까지는 '조디 윌리엄스'의 역할이 상당히 컸어.

　조디 윌리엄스는 1992년 10월 국제 장애인회, 휴먼 라이츠 워치, 인권을 위한 의사회, 메디코 인터내셔널, 지뢰 자문 협회, 미국의 베트남전 참전용사회 등 6개 비정부 기구와 함께 국제 지뢰 금지 운동을 출범시켰어. 이후 이 단체의 업무 조정 책임자로 활동하면서 대인 지뢰 금지 및 지뢰 제거 관련 지원 프로그램을 펼치는 등 활발한 활동을 했어.

　국제 지뢰 금지 운동이 한 활동 중 가장 대표적인 것은 '오타와 협약'을 이끌어 낸 거야. 만약 오타와 협약을 이끌어 내지 못했다면 이 단체의 지뢰 금지 활동도 지금처럼 큰 성과를 거두지 못했을 거야. 비용 문제도 있거니와 각국의 허락을 받지 못한 상태에서의 지뢰 제거 활동은 한계가 있기 때문이지.

　이보다 앞서 이 단체는 1995년 10월 오스트리아의 수도 빈에 있는 국회 의사당 앞에서 지뢰 희생자들을 추모하며 낡은 구두와 의족들을 쌓아 놓고, 지뢰 금지에 동참한 전 세계 6백만 명의 서명을 전달하는 행사를 가졌어. 이 행사 덕분에 많은 사람들이 대인 지뢰에 대한 심각성을 깨닫게 되었고, 결국 오타와 협약을 이끌어 내는 성과를 거둘 수 있었어.

현재 이 단체에는 전 세계 60개국에서 1천여 단체가 가입해 있고, 시위와 인터넷 홍보 등으로 지뢰의 심각성을 알리고, 지뢰 제거 작업에 많은 지원을 하고 있어. 특히 이 단체에서 발행하는 '지뢰 감시 보고서'는 45개국이 넘는 나라에 있는 연구원들의 네트워크를 통해 만들어지는데, 이 보고서는 오타와 협약의 준수 여부를 감시하는 중요한 도구가 되고 있어. 이런 열정적인 활동 덕분에 조디 윌리엄스와 이 단체는 1997년 노벨 평화상을 수상했어.

제5장 지구를 보호해야 우리가 살 수 있어
/자연과 환경에 관한 조약

자연과 환경에 관한 조약

람사르 협약

　람사르 협약은 습지 보호와 습지의 지속 가능한 이용을 위해 체결된 조약이야. 1971년 이란의 람사르에서 체결되었기 때문에 람사르 협약이라 부르는데, 정식 명칭은 '물새 서식지로서 국제적으로 중요한 습지에 관한 협약'이야. 줄여서 '습지에 관한 협약', '습지 협약'이라고도 불러.

　습지는 왜 보호해야 하는 걸까? 습지에 대해 잘 모르는 사람들은

① 체결 당사국 : 이란, 스웨덴 등 18개국
② 체결 시기 : 1971년
③ 체결 장소 : 이란의 람사르
④ 체결 이유 : 습지 보호 목적

습지가 그냥 버려진 땅이라고 생각할 수도 있어. 하지만 습지는 인간 생태계에 중요한 역할을 하는 곳이야.

습지는 쉽게 말하면 습기가 많아 축축한 땅을 말해. 비가 오면 그 물이 낮은 지대로 모여서 작은 연못이 되고, 그런 연못들이 모여서 습지를 이루게 돼. 우리가 잘 알고 있는 늪이나 바닷가 근처의 갯벌도 넓게는 습지의 한 형태야.

습지에는 많은 종류의 생물들이 살고 있어. 만약 습지가 오염되어 이런 생물들이 사라진다면 자연 생태계가 파괴되어 결국 우리 인간과 지구 전체에 아주 나쁜 영향을 미치게 돼. 또한 습지는 오염물을 정화시켜 주는 역할도 하고, 저수지 역할을 하여 가뭄과 홍수를 조절해 주기도 해. 그래서 흔히 습지를 자연의 보고, 생태계의 보고라고 말해.

습지가 이렇게 중요한 땅임에도 불구하고 그동안 습지는 계속해서 파괴되어 사라지고 있었어. 많은 나라들이 개발과 발전에 눈이 먼 나머지 습지의 중요성을 모르고 훼손해 버렸던 거야.

습지가 자연 생태계에 중요하고, 인간에게 유용한 자원이기 때문에 보호해야 된다는 주장은 1950년대에 처음 제기되었어. '국제 자연 보존 연맹'이라는 비정부 기구가 1950년대에 처음으로 습지 보호 계획을 추진했어. 하지만 비정부 기구의 힘만으로는 습지 보호에 한계를 느꼈기 때문에 각국 정부의 힘과 국제적인 협력이 필요하다는 생각을 하게 되었어.

국제 자연 보존 연맹은 '국제 조류 보호 협의회'와 함께 습지 보호를 위하여 각국 정부를 설득하는 동시에 여러 차례의 실무자 회의를 개최했어. 이런 노력의 결과로 1971년 이란의 람사르에서 세계 18개국의 대표들이 참석한 가운데 람사르 협약이 체결될 수 있었어.

람사르 협약의 주요 내용은 다음과 같아.

첫째, 체결 당사국은 자연적이든 인공적이든, 영구적이든 임시적이든, 물이 정체되어 있든 흐르고 있든 관계없이 물이 덮여 있는 지역을 습지로 정의한다.(협약에서는 물새에 대해 생태학적으로 습지에 의존하는 조류로 정의함)
둘째, 체결 당사국은 자국 내의 습지를 한 곳 이상 람사르 습지로 등록한다.
셋째, 체결 당사국은 습지를 보호하고, 습지의 현명한 이용을 위하여 계획을 작성하고 실행한다.
넷째, 체결 당사국은 람사르 습지에 등록시킨 습지 외 습지에 대해서도 자연보호 구역을 설치한다.
다섯째, 체결 당사국은 습지와 관련하여 국제적으로 협력한다.

협약의 둘째 조항 때문에 협약이 체결될 당시에는 18개 나라만이 가입했는데, 등록할 습지가 없어서 가입을 못한 경우도 있겠지만 사실은 각국이 국토 개발에 더 관심을 가진 탓이라고 볼 수 있어.

현재에는 168개국이 가입해 있고, 등록된 습지도 2천 곳 이상이야. 우리나라는 1997년 101번째로 가입했고, 2008년에는 경남 창원에서 제10차 총회를 개최했어.

람사르 협약 로고

세계에서 가장 많은 습지를 등록한 나라는 영국인데, 약 170여 곳을 등록했어. 우리나라는 현재 22곳을 등록하여 습지를 보호하고 있어.

하지만 람사르 협약도 구체적인 강제 규정이 없기 때문에 습지 보호는 전적으로 체결국의 양심에 맡길 수밖에 없는 상황이야. 협약 규정에도 긴급한 국가 이익이 있을 경우에는 습지대의 등록을 취소하거나 면적을 줄일 수 있도록 규정해 놓았기 때문이지.

한 가지 다행인 것은 지금은 전 세계적으로 환경 보호에 대한 중요성이 많이 인식되어 있는 상황이고, 개발보다는 환경을 더 생각하고 있다는 사실이야.

더 알아보기

람사르 습지로 등록된 우리나라의 습지는 어디일까?

우리나라는 1997년 람사르 협약에 가입한 이후 현재까지 총 22곳의 습지를 등록하고 있어. 2016년 6월에 람사르 습지로 등록된 전라남도 순천시의 '동천 하구 습지'가 가장 최근에 등록된 습지야.

우리나라는 1997년 람사르 협약에 가입하면서 그 규정에 따라 강원도 인제군에 있는 '대암산 용늪'을 람사르 습지로 등록했어. 이곳은 희귀 야생 동물과 식물이 서식하고 있는 국내 유일의 고층 습지라는 가치를 인정받아 등록되었어.

두 번째로 등록된 습지는 경상남도의 창녕군의 '우포늪'이야. 이곳은 1998년에 람사르 습지로 등록되었는데, '큰기러기, 가시연꽃' 등 다수의 멸종 위기 동식물이 서식하는 국내 최대의 자연 늪이라는 가치를 인정받았어.

가장 작은 규모의 습지로 등록된 곳은 인천광역시 강화군의 '강화 매화마름 군락지'인데, 이곳은 '매화마름, 금개구리' 등 멸종 위기 동식물이 서식하고, 논 습지로서는 처음으로 람사르 습지로 등록된 곳이야.

가장 넓은 규모의 습지로 등록된 곳은 전라북도의 '고창·부안

갯벌'이야. 이곳은 다수의 멸종 위기 조류와 전 세계 물떼새 개체수의 1% 이상이 서식하고 있는 아주 중요한 습지야.

　가장 최근 람사르 습지로 지정된 '동천 하구 습지'는 2006년 등록된 '순천만·보성 갯벌'과 함께 국제적으로도 중요한 철새 서식지야. 이곳에 서식하고 있는 조류는 약 237종인데, 이는 213종이 서식하고 있는 우포늪이나 187종이 서식하고 있는 한강 하구 습지보다 많아. 또한 이곳은 우리나라에서 네 번째로 규모가 큰 습지이고, 논 습지로는 최대 규모의 습지이기도 해.

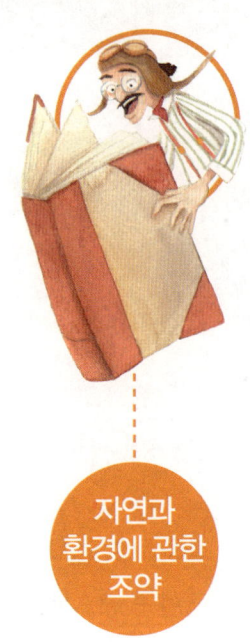

자연과
환경에 관한
조약

런던 협약

　지구상에 인구가 늘어나면서 쓰레기 또한 엄청 늘어나 각국은 쓰레기 처리 문제로 골머리를 앓아 왔어. 쓰레기 처리를 위한 소각장을 지으려고 해도 그 지역에 사는 주민들의 반대 때문에 쓰레기 처리는 국가적인 과제가 되었어.
　그래서 세계 여러 나라들은 사람들이 사는 육지에서 멀리 떨어진 바다에 쓰레기를 버리기 시작했어. 쓰레기가 깊은 바다 속에 잠

① 체결 당사국 : 영국, 프랑스 등 33개국
② 체결 시기 : 1972년
③ 체결 장소 : 영국 런던
④ 체결 이유 : 쓰레기 해양 투기 금지 목적

기게 되면 큰 문제는 일어나지 않을 거라고 생각했던 거야. 이런 일들은 1980년대부터 많이 이루어졌는데, 당시에는 쓰레기를 운반하는 전문 선박도 많았고, 비행기에서도 쓰레기를 버리는 경우도 많았다고 해.

깊은 바다에 쓰레기를 버리면 큰 문제가 없을 것이라고 생각한 것은 정말 바보 같은 생각이었어. 바다에 쓰레기를 버리는 일이 많아지자 결국 바다는 오염되었고, 그 피해는 고스란히 우리 인간에게 되돌아왔어.

그제야 세계 각국은 쓰레기 투기로 인한 해양 오염을 방지하기 위한 논의를 시작했어. 먼저 행동을 시작한 건 북동 대서양 주변의 유럽 국가들이었어. 북동 대서양 주변 유럽 국가들은 북동 대서양의 환경 오염을 막기 위하여 1972년 2월 노르웨이 오슬로에 모여 '오슬로 협약'을 체결했어. 오슬로 협약은 해양 투기를 규제하는 최초의 지역 협약인데, 독성이 강한 물질은 바다에 버리지 못하도록 규제하고, 독성이 약한 물질은 허가를 받도록 한 협약이야.

오슬로 협약이 체결되고 난 후 쓰레기 해양 투기에 대한 관심은 전 세계적으로 높아졌고, 세계가 함께 이 문제를 해결해야 된다고 생각했어. 같은 해 12월 영국 런던에서 전 세계 82개국 대표들과 관련 국제기구가 참여하여 비행기와 선박에서 나오는 쓰레기 투기를 규제하는 '런던 협약'을 체결했어. 이 협약은 같은 해 2월에 체결된 오슬로 협약을 기초로 해서 만들어졌는데, 정식 명칭은 '폐기물 및 기타 물질의 투기에 의한 해양 오염 방지에 관한 협약'이야.

런던 협약의 주요 내용은 다음과 같아.

- 첫째, 체결 당사국은 폐기물의 해양 투기는 인정하되 일부 유해 폐기물의 해양 투기는 금지한다.
- 둘째, 체결 당사국은 협약을 위반하는 선박이나 항공기를 목격하였을 경우 서로 보고하고 협력한다.
- 셋째, 체결 당사국은 자국의 영토 안에서 위반 행위가 발생할 경우 적절한 조치를 취한다.
- 넷째, 체결 당사국은 해양 투기 폐기물에 대한 모든 사항을 매년 및 주기적으로 사무국에 보고한다.

런던 협약을 자세히 살펴보면 폐기물의 해양 투기를 완전히 금지하는 조약은 아니야. 런던 협약의 기본 원칙을 간단하게 말하면 '폐기물의 해양 투기는 허용하되 특정 폐기물에 대해서만 금지한다.'는 거야. 해양 오염의 가능성이 높은 폐기물에 대해서만 해양 투기를 금지하고 그 외 큰 문제가 없는 쓰레기에 대해서는 해양 투기를 허용한다는 것이 핵심 내용이지.

런던 협약은 1972년 체결되어 1975년 발효되었는데, 현재 80여 개국이 가입하였고, 우리나라는 1993년에 이 협약에 가입했어.

　모든 조약이 그렇듯이 이 협약 역시 규정을 어겼을 경우 특별한 제재 조항은 없었어. 그리고 해양 투기를 어느 정도 인정한 것 자체가 당장의 문제만 바라본 부족한 조약이었다는 건 곧 현실로 나타났어. 갈수록 해양 오염이 늘어났기 때문이야. 이에 런던 협약을 개정해야 한다는 목소리가 높아졌어.

　그래서 런던 협약의 체결국은 1993년부터 협약 내용을 개정하였고, 1996년 새로운 의정서가 만들어졌어. 이것이 바로 '1996 의정서'야. 이 의정서의 핵심은 폐기물의 해양 투기를 금지하되, 일부 물질에 대해서만 허용한다는 거야. 기본 원칙 면에서 런던 협약과는 정반대의 내용으로 바뀐 거지.

'1996 의정서'는 어떤 내용인가?

'1996 의정서'는 런던 협약의 문제점을 보완하기 위하여 체결된 조약이야. 1990년 런던 협약 당사국 회의에서 처음으로 협약을 개정해야 한다는 의견이 제기되었고, 1991년 회의에서 협약 개정을 합의하게 되었어.

1993년부터 협약의 내용을 개정하는 작업이 시작되었고, 1996년에 마무리되어, 그해 당사국 회의에서 '1996 의정서'가 체결되었어.

1996 의정서의 가장 큰 특징은 폐기물의 해양 투기를 원칙적으로 금지한다는 규정이야. 런던 협약이 해양 투기를 원칙적으로 인정하되 일부 물질에 대해서만 금지하였다면 1996 의정서는 해양 투기를 원칙적으로 금지하되, 일부 물질만 허용하는 것으로 바꾼 거야.

그리고 런던 협약에서는 폐기물의 해양 소각을 인정하였지만 1996 의정서에는 폐기물의 해양 소각도 원칙적으로 금지시켰고, 해양 투기나 해상 소각을 목적으로 다른 나라에 폐기물을 수출하는 것도 금지시켰다는 것이 런던 협약과는 또 다른 차이점이야.

또 런던 협약은 국내 수역에서의 해양 투기나 해상 소각은 인정하였는데, 1996 의정서에서는 국내 수역에서 행해지는 폐기물의 해양 투기나 해상 소각도 규제를 받도록 했어. 또 1996 의정서에서는 해양 투기로 인해 발생되는 오염에 대해서 그 오염을 일으킨 사람이 모든 비용을 부담하도록 했어.

1996 의정서는 갈수록 심각해지고 있는 해양 오염을 근본적으로 방지한다는 차원에서 이루어진 조치이며, 해양 환경을 보호해야 한다는 각국의 의지가 반영된 결과라고 볼 수 있어.

강력한 규정이 있었던 1996 의정서는 많은 나라들이 비준을 미루는 바람에 26개 나라가 비준을 마친 2006년에서야 발효될 수 있었어. 이 의정서가 발효되면 비준을 마친 나라들은 1996 의정서가 런던 협약을 대체하게 되어 있어. 우리나라는 이 의정서에 2009년 가입했어.

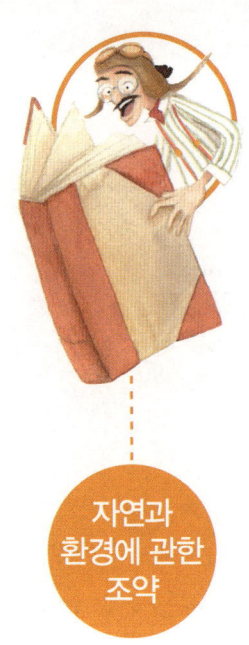

자연과 환경에 관한 조약

빈 협약(오존층 보호를 위한)

'빈 협약'이라고 하면 오스트리아의 수도 빈에서 체결된 모든 협약의 총칭이야. 그동안 오스트리아 빈에서는 여러 가지 조약들이 체결되었는데, 이들 모두 빈 협약이라는 이름을 갖고 있어. 여기서 말하는 빈 협약은 오존층 보호를 위해 체결된 협약을 말해. 그래서 좀 더 명확하게 빈 협약을 표현하면 '오존층 보호를 위한 빈 협약'이라고 말할 수 있어.

① 체결 당사국 : 영국, 노르웨이, 스웨덴 등 28개국
② 체결 시기 : 1985년
③ 체결 장소 : 오스트리아 빈
④ 체결 이유 : 오존층 보호 목적

'오존'은 자극성이 있는 연푸른색의 기체로 폭발성과 독성이 있는 물질이야. 오존은 지구의 성층권에 적은 양이 존재하면서 오존층을 형성해 있는데, 이 오존층은 태양의 자외선을 흡수해 지구의 생물들을 보호해 주는 역할을 해.

만약 오존층이 파괴되면 지표에 도달하는 자외선의 양이 증가하여 각종 피부암과 병을 일으켜 사람의 건강을 해칠 뿐만 아니라 육

상 생물의 돌연변이 발생, 농산물 수확 감소, 해양의 생태계 파괴 등을 가져오게 돼. 따라서 오존은 인간과 지구에게는 없어서는 안 될 아주 귀중한 물질이야.

그런데 1970년 초, 미국의 화학자인 프랭크 셔우드 롤런드와 마리오 조제 몰리나는 프레온 가스라는 물질이 성층권에 있는 오존을 파괴할 수 있다는 연구 결과를 발표했어. 프레온 가스는 냉방 및 냉동 장치에 쓰이는 냉매제, 합성수지의 발포제, 스프레이의 분사제 등으로 쓰이는 화학 물질이야.

1976년 미국의 국립 과학 아카데미는 이들의 연구 결과가 타당하다는 의견을 밝혔고, 미국, 노르웨이, 스웨덴, 캐나다 등은 1978년부터 프레온 가스의 사용을 금지했어. 롤런드와 몰리나는 이와 같은 연구 결과를 인정받아 1995년 네덜란드의 화학자 파울 요제프 크뤼첸과 함께 노벨 화학상을 수상했어.

과학자들의 연구 결과에 충격을 받은 국제 사회도 그대로 가만히 있을 수는 없었어. 1985년 오스트리아 수도 빈에서 전 세계 28개국 대표들이 모여 오존층 보호를 위한 논의를 시작했고, 그 결과 '빈 협약'을 체결하게 되었어.

협약 체결 이후 같은 해에 미국의 기상 위성이 남극의 오존층이 파괴된 사진을 공개하였고, 영국의 남극 조사단도 남극의 오존층에 구멍이 생긴 것을 발견하여 오존층을 보호하기 위해 체결된 빈 협약은 세계적 관심사로 떠오르게 되었어.

빈 협약의 주요 내용은 다음과 같아.

> 첫째, 체결 당사국은 인간의 활동이 오존층의 변화를 일으킬 수 있다고 판명되는 경우, 이를 방지하기 위하여 적절한 조치를 취한다.
> 둘째, 체결 당사국은 오존층의 변화가 인간의 건강과 환경에 어떤 영향을 미치는지 체계적으로 연구하고, 서로 정보 교환을 통하여 협력한다.
> 셋째, 체결 당사국은 권한 있는 국제기구를 통하여 오존층에 영향을 미칠 수 있는 모든 사항에 대해 과학적 평가를 수행하고, 서로 협력한다.
> 넷째, 체결 당사국은 협약의 규정에 의해 분쟁이 발생하였을 경우 서로 교섭을 통하여 해결책을 모색한다.

 이상에서 보았듯이 빈 협약의 핵심은 오존층을 변하게 하는 모든 인간 활동에 대해 각국이 적절한 조치를 취하자는 거야. 그런데 협약의 내용을 잘 살펴보면 오존층을 변하게 하는 물질에 대해서도 상세히 규정하지 않았고, 또 적절한 조치라는 것이 구체적으로 어떤 것인지도 명확하게 밝히지 않았기 때문에 빈 협약은 아쉬움이 많이 남는 조약이었어.

 빈 협약은 오존층을 보호하자는 공감대 형성에는 기여했지만 오존층을 파괴하는 물질을 어떻게 규제할지에 대해서는 해답을 제시하지 못했던 거야. 그래서 세계는 이런 빈 협약을 보완하기 위해 1987년 캐나다의 몬트리올에서 다시 모여 오존층을 파괴하는 물질의 사용을 규제하기 위해 구체적인 약속을 했어. 이 약속이 바로 '몬트리올 의정서'야.

 몬트리올 의정서 체결 이후 각국은 단계적으로 오존층을 파괴하는 물질의 생산이나 사용을 금지하였고, 그 결과 남극의 오존층 구멍은 줄어들기 시작했어. 과학자들은 지금처럼 계속해서 각국이 오존층 보호를 위해 노력한다면 2050년경에는 남극의 오존층 구멍이 완전히 없어질 것이라고 예측하고 있어.

더 알아보기

몬트리올 의정서는 어떤 내용인가?

　몬트리올 의정서는 오존층 파괴를 일으키는 물질을 규제할 목적으로 1987년 체결된 조약이야. 1985년 체결된 빈 협약의 내용을 실천하기 위한 목적으로 만들어진 조약이기도 해. 의정서의 공식 명칭은 '오존층 파괴 물질에 관한 몬트리올 의정서'야. 1989년 발효되었고, 우리나라는 1992년에 이 의정서에 가입했어.

　의정서의 주요 내용을 간단히 요약하면, 프레온 가스를 단계적으로 감축하고, 의정서에 가입하지 않는 국가에 대해서는 경제적 제재 조치를 가하고, 1990년부터 4년에 한 번씩 재평가하자는 거야.

　오존층 파괴 물질을 규제하기 위한 전체적인 계획을 보면, 처음에는 프레온 가스와 할론 가스 등 오존층을 파괴하는 물질에 대해 생산과 소비를 1994년까지는 1986년 수준의 80%로까지 줄이고, 1999년까지는 1986년 수준의 50%로 줄이는 것으로 계획을 세웠어.

　그런데 오존층의 파괴 속도가 예상보다 빨리 진행되자 1992년 덴마크의 코펜하겐에서 열린 체결국 회의에서는 규제 기간도 앞으로 많이 앞당겼고, 오존층 파괴를 일으키는 규제 물질도 20종에서 95종으로 확대했어. 이후 한 가지 물질이 더 추가되어 현재 몬트리이 의정서에서 규제하고 있는 오존층 파괴 물질은 총 96종이야.

또 의정서에서는 선진국과 개발 도상국을 구분해서 오존층 파괴 물질의 사용 금지 기한을 제시했어. 개발 도상국의 경우 규제 물질을 바로 사용 금지시키면 경제적으로 어려움을 겪을 수 있기 때문에 선진국보다는 사용 금지 기한을 조금 더 연장해 주었던 거지.

선진국에서는 오존층 파괴의 주범인 프레온 가스의 경우 1996년까지만 사용할 수 있게 한 것에 반해 개발 도상국은 2010년까지 사용할 수 있게 했어. 그리고 나머지 물질에 대해서도 단계적으로 사용을 금지하여 2040년에는 거의 모든 물질의 사용을 금지하자고 약속했어.

또한 오존층의 중요성을 널리 알리자는 의미에서 1994년 유엔 총회에서는 몬트리올 의정서 채택일인 1987년 9월 16일을 기념하여 매년 9월 16일을 '세계 오존층 보호의 날'로 지정했어.

자연과 환경에 관한 조약

기후 변화 협약(리우 환경 협약)

언제부터인가 인류를 위협하는 가장 큰 적은 환경 오염이라는 말이 나오기 시작했어. 과거에는 인류의 멸망, 지구의 멸망이 세계 대전 같은 전쟁이나 핵폭탄에 의해서라고 생각했는데, 지금은 환경 오염 때문에 지구가 멸망할 가능성이 높다고 내다보고 있는 상황이야. 그만큼 우리가 사는 지구의 환경은 굉장히 위험한 상황에 처해 있어.

① 체결 당사국 : 미국, 영국, 러시아 등 154개국
② 체결 시기 : 1992년
③ 체결 장소 : 브라질 리우데자네이루
④ 체결 이유 : 온실가스 감축 목적

환경 문제는 비교적 근대에 많은 사람들이 인식하기 시작했어. 그동안은 개발과 발전에 온통 관심을 가졌을 뿐 환경에는 그다지 신경을 쓰지 않았어. 산업 혁명 이후 개발과 발전 이면에 환경 오염이 표면에 드러났지만 그저 인식만 하고 있었을 뿐 그 심각성은 크게 느끼지 못하고 있었어.

국제 사회가 환경 문제에 크게 관심을 갖고 환경을 보호하자는 약속을 하게 된 건 제2차 세계 대전 이후야. 그런데 이때의 약속은 단순히 자연에서 얻을 수 있는 자원을 아끼고 보전하자는 수준이었지, 자연 전체를 보호하기 위한 환경 문제는 아직도 겉으로 드러나지 않았어.

인류가 환경 문제의 심각성을 깨달은 것은 1972년에 발표된 학자들의 보고서에 의해서였어. 1972년 '로마 클럽'이라는 단체는 〈성장의 한계〉라는 보고서에서 과도한 개발에 따른 환경 파괴가 인류의 생존을 위협하고 있다고 경고했어. 로마 클럽은 인류의 미래를 연구하려는 목적으로 학자, 기업가, 정치인들이 1968년 만든 연구 기관이야.

로마 클럽의 경고 이후 유엔은 1972년 6월 스웨덴의 스톡홀름에

서 '오직 하나뿐인 지구'라는 주제를 내걸고 '유엔 인간 환경 회의'를 개최했어. 이 회의는 지구의 환경 파괴에 대해 대책을 협의한 최초의 환경 관련 국제회의야. 이 회의 결과에 따라 유엔은 환경 보호를 담당할 국제기구인 '유엔 환경 계획'을 설립했어.

유엔 환경 계획 설립 이후에도 국제 사회는 여러 기구나 회의를 거쳐 환경 관련 문제를 논의하고 대책을 강구했어. 그리고 각국의 환경 문제에 많은 도움을 주었어.

1980년대에는 지구 온난화에 의한 기후 변화가 심각한 문제로 떠올랐는데, 이때부터 세계는 지구 온난화를 일으키는 온실가스를 줄이기 위해 많은 노력을 기울였어. 하지만 온실가스를 줄이는 문제는 쉽게 해결될 상황이 아니었어. 개발 도상국들은 환경 보전보다는 개발이 우선이었기 때문에 개발 중에 발생하는 온실가스를 줄이기는 어려웠던 탓이야.

1990년대에 들어서면서 온실가스에 의한 지구 온난화는 더 이상 방치할 수 없는 문제로 다가왔어. 여러 연구 기관에서 온실가스 문제를 계속 방치한다면 심각한 상황을 초래할 것이라는 연구 결과를 내놓았기 때문이야.

이에 유엔은 1990년 지구의 환경을 보호하자는 결의안을 채택하고, 1992년에 전 세계가 함께 모여 지구 온난화에 의한 기후 변화 문제를 논의하기로 계획을 세웠어. 이를 위해 구성된 협상 위원회는 1992년 전 세계가 참여하는 국제회의의 계획과 그 회의에서 체결할 조약을 만들기 위해 1991년부터 1992년 5월까지 여러 차례 회의를 열었어.

드디어 1992년 6월, 브라질의 리우데자네이루에서는 최대 규모의 국제적인 환경 회의가 개최되었어. 이 회의에는 180여 개국의 정부 대표와 많은 민간단체들이 참여해서 지구의 환경을 지키기 위해 열띤 토론을 벌였고, 몇 가지 조약도 체결했어.

리우 환경 회의에서 얻은 대표적인 결과물이 바로 '리우 선언'과 '기후 변화 협약'이야. 리우 선언은 환경과 개발에 관한 기본 원칙을 담은 선언문인데, 자연을 파괴하지 않고 가능한 자연과 조화로운 개발을 하자는 선언이야.

개발을 하면 환경이 파괴되고, 환경을 지키려면 개발이 어렵다 보니 그 둘의 조화가 무엇보다 필요한 상황이었어. 개발 도상국들은 당연히 환경보다는 개발이 우선인 입장일 수밖에 없었어. 사실, 리우 선언은 처음에 '리우 헌장'으로 채택하여 좀 더 확실한 책임을 부여하려 했다가 개발 도상국들의 반대에 부딪혀 선언으로 그치게 된 거야. 환경과 개발은 양립하기 어려운 관계지만 서로 조화를 이루어 가야 한다는 생각을 이끌어 낸 것은 좋은 성과라고 할 수 있어.

또 리우 회의에 참석한 각국 대표들은 온실가스 감축을 위해 '기후 변화 협약'을 채택했어. 리우 선언이 지구 환경을 지키기 위한 포괄적인 약속이라면 기후 변화 협약은 대기 오염 방지에 초점을 맞춘 약속이야. 온실가스가 지구 온난화를 유발하고, 이로 인한 기후 변화 때문에 가뭄, 태풍, 홍수 등 자연 재해가 심각한 수준에 이르렀기 때문에 별도로 이런 협약을 체결하게 된 거야. 이 협약은 '리우 환경 협약'이라고도 부르는데, 협약의 정식 명칭은 '기후 변화에 관한 유엔 기본 협약'이야.

기후 변화 협약의 주요 내용은 다음과 같아.

> 첫째, 체결 당사국은 식량 생산이 어려움에 처하지 않는 한에서 대기 중 온실가스 배출량을 억제한다.
> 둘째, 체결 당사국은 지금과 미래 세대를 위해 기후 시스템을 보호하는데 있어서 개발 도상국의 상황을 고려하여 서로 협력하고 지원한다.
> 셋째, 체결 당사국은 기후 변화를 억제할 정책의 수립과 온실가스를 줄일 기술을 개발하고, 일반인들을 대상으로 기후 변화의 심각성에 대해 교육을 추진한다.
> 넷째, 이 협약의 최고 의사 결정 기구인 당사국 회의는 정기적으로 모여 협약의 실행 여부를 평가하고 적절한 조치를 취한다.
> 다섯째, 체결 당사국은 사무국을 통해 각국의 온실가스 발생과 자연 보전 현황 등을 보고한다.

기후 변화 협약의 핵심은 온실가스 배출을 억제하여 지구 온난화에 대비하자는 것인데, 환경보다는 개발이 무엇보다 중요한 개발 도상국을 최대한 고려하였기 때문에 많은 국가들이 동의했어.

기후 변화 협약은 1992년 체결되고 2년이 지난 1994년 3월에 발효되었어. 전 세계 대다수의 국가들이 참여하여 지구의 환경을 지키자는 데 뜻을 함께했다는 의미에서는 나름 긍정적인 평가를 받았어. 하지만 여전히 부족한 부분이 많은 조약이기도 했어. 모든 나라들이 온실가스를 줄이기 위해 노력한다고만 했을 뿐 구체적으로 어떻게 할지에 대해서는 아무런 약속이 없었기 때문이야.

유엔은 기후 변화 협약을 보완하는 차원에서 1997년에는 '교토 의정서'를 채택하여 보다 확실하게 각국이 온실가스를 억제할 수 있도록 조치를 취했어. 하지만 이 의정서도 온실가스를 제일 많이 배출하는 나라들이 가입하고 있지 않아 큰 효과를 보지는 못하고 있는 실정이야.

> * 파리 기후 변화 협약
>
> 파리 기후 변화 협약은 2020년 만료되는 교토 의정서를 대체하기 위해 2015년 12월 프랑스 파리에서 채택된 협약이다. 195개국의 전 세계 거의 모든 국가가 합의한 이 협약은 산업혁명 이전보다 지구의 온도를 2도 이상 상승하지 못하도록 하자는 것이 주요 내용이다.
>
> 이 협약은 2016년 11월 발효되었고, 교토 의정서가 완료되는 2021년 1월부터 적용된다. 그런데 2017년 6월 미국은 온실가스를 줄이면 자국 경제에 해가 된다면서 이 협약의 탈퇴를 선언했다.

교토 의정서는 어떤 내용인가?

교토 의정서를 간단하게 말하면 1992년 브라질 리우데자네이루에서 체결된 기후 변화 협약의 보다 구체적인 실행을 위하여 만들어진 조약이야. '교토 기후 협약'이라고도 부르는데, 이 의정서의 정식 명칭은 '기후 변화에 관한 유엔 규약의 교토 의정서'야.

전 세계적으로 지구 온난화에 대한 피해가 심각해지면서 세계는 1992년 기후 변화 협약을 체결하여 지구 온난화를 일으키는 온실가스를 억제하기로 약속했어. 하지만 이 협약은 구체적인 실행 방안을 마련하지 않은 상태로 체결되었기 때문에 추가적인 협상이 요구되었어. 1997년 각국 대표들은 일본 교토에서 협상을 갖고 기후 변화 협약의 구체적인 실행 방안을 논의했어. 이 회의의 결과로 채택된 것이 바로 교토 의정서야. 이 의정서 또한 몇몇 나라의 반대로 한동안 묶여 있다가 2005년이 되어서야 발효될 수 있었어.

교토 의정서의 핵심은 각국에 온실가스의 감축량을 구체적으로 부과했다는 거야. 감축해야 하는 온실가스는 이산화 탄소, 메탄, 아산화 질소, 과불화 탄소, 수소불화 탄소, 육불화 황 등 여섯 가지인데, 이 중에서 가장 큰 비중을 차지하는 것은 이산화 탄소야.

의정서에서는 지구 온난화에 책임이 많은 선진국의 경우 2012년까지 1990년대 수준과 비교하여 온실가스 배출량을 5.2% 감축해야 된다고 정해 놓았어. 국가별로 온실가스의 의무 감축량은 유럽 연합 8%, 미국 7%, 일본 6%, 러시아는 감축하지 않아도 되고, 노르웨이와 호주 등은 배출량을 더 늘여도 된다고 정했어. 또 온실가스의 배출량을 줄여야 하는 나라들의 상황을 고려하여, '배출권 거래 제도, 공동 이행 제도, 청정 개발 제도'를 도입했어.

　배출권 거래 제도는 어느 국가가 자국에게 할당된 의무 감축량을 초과해서 감축하게 되면 그 여분의 감축량에 대해서 다른 나라에 팔 수 있고, 반대로 의무 감축량을 지키지 못했을 경우에는 지키지 못한 감축량을 다른 나라에서 살 수 있게 만든 제도야.

　공동 이행 제도는 선진국이 다른 선진국의 온실가스 감축 사업에 투자하여 얻은 온실가스 감축량에 대해서 자국의 온실가스 감축량으로 사용할 수 있는 제도야.

　청정 개발 제도는 선진국이 개발 도상국의 온실가스 감축 사업에 투자하여 얻은 온실가스 감축량에 대해서 자국의 온실가스 감축

교토 의정서가 채택된 지구 온난화 방지 교토 회의(COP3)

량으로 사용할 수 있는 제도야.
 이처럼 교토 의정서는 각국이 감축해야 하는 온실가스의 양을 구체적으로 제시하여 지구의 환경을 지키려는 조약이었는데, 일부 나라들은 여전히 이 의정서에 반대하여 가입을 미루고 있어. 미국은 온실가스 배출량을 줄이면 자국의 경제가 어렵게 된다는 판단에서 가입하지 않았고, 온실가스를 가장 많이 배출하는 중국이나 인도도 가입을 미루고 있는 상황이야.

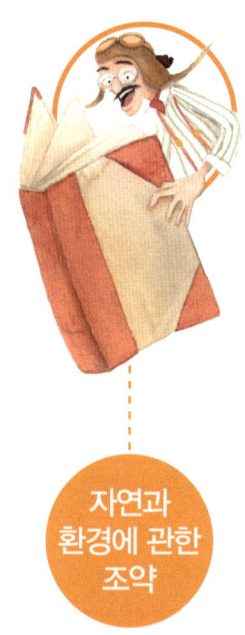

자연과 환경에 관한 조약

생물 다양성 협약

'생물 다양성'이란 쉽게 말해 지구상에 존재하는 모든 생물을 뜻하는 말이야. 지구상에 존재하는 동물·식물·미생물을 포함하여 유전적으로 변형된 물질과 사막이나 숲, 습지, 토양 등 생태계까지 포함하는 아주 넓은 개념이지.

그런데 이런 생물 다양성은 각종 오염과 서식지 훼손, 기후 변화 등으로 급격히 감소하고 있는 추세야. 통계에 의하면 최근 30년 동

① 체결 당사국 : 리우 회의 참석 158개국
② 체결 시기 : 1992년
③ 체결 장소 : 브라질 리우데자네이루
④ 체결 이유 : 지구상의 모든 생물과 그 생물들이 서식하는 생태계 보호 목적

안 지구상의 생물 다양성은 약 40%가 감소했다고 나와 있어. 이런 추세라면 앞으로 20~30년 후 전체 생물 다양성의 약 25%가 멸종할 것으로 예측하고 있어.

생물 다양성은 우리 인간에게 매우 소중한 존재들이야. 왜냐하면 우리 인간은 살아가는 데 필요한 의식주의 대부분을 생물 다양성에서 얻어 왔기 때문이야. 만약 생물 다양성이 멸종한다면 우리 인류의 멸망도 시간 문제라고 볼 수 있어. 그렇기 때문에 생물 다양성을 보존하는 일은 무엇보다 중요한 일이야.

1970년대부터 세계는 이런 생물 다양성의 중요성을 인식하고, 먼저 멸종 위기에 처한 동식물을 보호하자는 국제 협약을 체결하는 등 생물 다양성을 보호하기 위해 많은 노력을 기울였어.

하지만 이런 노력은 개발과 발전이라는 목표를 둔 개발 도상국에서는 어려운 일이었어. 1980년대 중반부터 풍부한 산림을 보유하고 있었던 개발 도상국은 지하자원 개발, 농경지 확장, 도시와 도로 건설 등의 이유로 넓은 산림을 훼손하였고, 그 결과 생물들의 멸종은 빠른 속도로 진행되었어.

'국제 자연 보존 연맹' 등 환경 단체들은 생물 다양성이 파괴되

는 현실을 보면서 이를 보호하기 위해 국제적인 협력이 필요하다는 제안을 하였고, 이런 단체들의 요청을 받은 유엔 환경 계획은 1987년부터 국

생물 다양성 협약 로고

제적인 약속을 만들기 위해 노력했어. 많은 전문가들의 회의를 거친 후 1990년부터 수차례의 정부 간 회의를 열었고, 마침내 1992년 5월 케냐의 나이로비에서 생물 다양성 보호를 위한 정부 간 합의 내용이 채택되었어.

1992년 브라질의 리우데자네이루에서 열린 국제 회의는 사상 최대의 환경 회의라는 규모에 걸맞게 많은 성과물도 나왔어. 리우 선언과 기후 변화 협약이 대표적인 결과물이었는데, 아주 중요한 조약이 한 가지 더 체결되었어. 그것은 리우 환경 회의가 있기 한 달 전에 케냐의 나이로비에서 채택된 생물 다양성 보호에 관한 정부 간 합의였어. 리우 환경 회의에 참석한 전 세계 158개국 대표들은 이 합의 내용에 서명했고, 그래서 '생물 다양성 협약'이 정식으로 체결되었어. 이 협약은 1993년 12월에 발효되었어.

생물 다양성 협약의 주요 내용은 다음과 같아.

> 첫째, 체결 당사국은 생물 다양성을 보전하고, 지속 가능한 이용을 위해 국가 전략을 수립한다.
> 둘째, 체결 당사국은 생물 다양성을 보호하기 위해 조사, 감시, 보호 지역 설치 등의 조치를 취하고, 이와는 별도로 종자 은행 등을 설립하여 생물 다양성을 보전한다.

> 셋째, 체결 당사국은 생물 다양성을 보전하기 위해 환경 영향 평가를 수행한다.
> 넷째, 체결 당사국은 생명 공학 기술 등 생물 다양성 보전 기술을 공유할 수 있도록 서로 협력한다.
> 다섯째, 체결 당사국은 개발 도상국이 열대림 보전으로 입은 피해를 보상한다.
> 여섯째, 체결 당사국은 과학적, 교육적으로 생물자원의 이용은 가능하지만 상업적인 이용 시에는 자원 이용국과 자원 보유국이 긴밀히 협력한다.

생물 다양성 협약은 다른 협약들과는 달리 개발 도상국이 조금 더 큰소리를 내고 있는 협약이야. 그동안 선진국들은 개발 도상국에 존재해 있었던 풍부한 생물 유전자원(생물들이 가지고 있는 유전 정보)을 무제한 이용해 왔는데, 이제는 그럴 수 없게 되었어. 개발 도상국이 자국 내에 있는 유전자원 활용 시 사용료를 지불할 것과 유전 공학으로 얻은 새로운 물질에 대해서 공동 소유권을 주장하고 있기 때문이야.

유전자원 이용에 대한 선진국과 개발 도상국의 갈등은 한동안 계속되다가 2010년 일본 나고야에서 열린 총회에서 극적으로 합의를 보았어. 그 합의 결과 나온 것이 바로 '나고야 의정서'야. 세계 각국은 자국의 이익을 먼저 생각하는 경향이 있지만 그보다 먼저 세계가 모두 생물 다양성을 보전하겠다는 의지가 있었기 때문에 이 의정서가 체결될 수 있었어.

나고야 의정서는 어떤 내용인가?

　나고야 의정서는 간단하게 말하면 생물 유전자원을 이용하여 생긴 이득에 대해 서로 공평하게 나누자는 약속이야. 2010년 생물 다양성 협약 제10차 당사국 총회에서 체결된 조약이야.

　생물 다양성 협약은 1992년 체결되었지만 그동안 유전자원을 활용하여 생기는 이익에 대해서는 기술을 보유한 선진국과 유전자원을 보유한 개발 도상국이 합의점을 찾지 못하고 갈등을 빚어왔어.

　나고야 의정서는 그 갈등을 해결하기 위하여 맺은 조약인데, 핵심 내용은 생물 유전자원을 이용하는 국가는 그 자원을 제공하는 국가에 사전 통보와 승인을 받아야 하고, 그로 인해 발생한 이익에 대해서는 상호 합의된 계약 조건에 따라 서로 나누어야 한다는 거야. 이 의정서는 2010년 체결된 이후 50개국이 비준을 마친 2014년 발효되었어. 현재는 100여 개국이 이 의정서에 비준했어.

　우리나라는 2011년 이 의정서에 서명했고, 2017년 3월 국회에서 비준동의안이 가결되었으며, 2017년 8월 마침내 발효되었어. 이에 따라 우리나라도 이 의정서의 규정에 따라 의약이나 화장품 관련 분야에서 얻은 이익을 자원 보유국에 지급해야 돼.

현재 우리나라의 의약, 화장품, 생명 산업 기업들은 상당수가 해외 유전자원을 이용하고 있는 것으로 조사되었는데, 나고야 의정서 비준이 끝나면 이들 기업들은 경제적으로 상당한 타격을 입을 수 있어.

따라서 나고야 의정서의 피해를 최소화하려면 국산 유전자원의 개발이 무엇보다 시급하고, 이와 더불어 해외 유전자원의 이용 시에도 부담을 최소화할 수 있도록 철저한 대비가 필요한 때야.

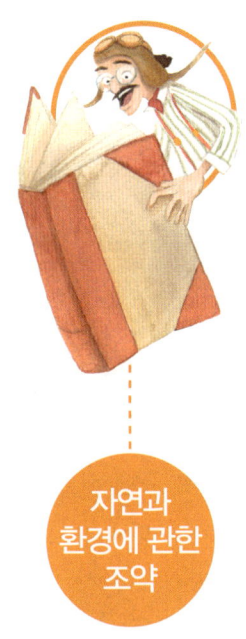

자연과 환경에 관한 조약

사막화 방지 협약

'사막화'는 기후 변화 또는 인간의 활동으로 토양의 질이 나빠져서 사막처럼 변화는 현상을 말해. 쉽게 표현하면 지구가 점차 건조하여 사막이 넓어지는 현상이지. 결국 사막이 넓어지면 인간의 생활 터전이 사라지게 되고, 여러 가지 생태계 불균형이 나타나기 때문에 사막화는 지구 환경을 해치는 아주 나쁜 현상이야.

사막화에 대한 국제 사회의 관심은 1970년대부터 시작되었어.

① 체결 당사국 : 유엔 총회 참석국
② 체결 시기 : 1994년
③ 체결 장소 : 프랑스 파리
④ 체결 이유 : 사막화 현상 억제 목적

1977년 케냐의 나이로비에서 '유엔 사막화 대책 협의회'가 개최되었는데, 사막이 점차 넓어지는 문제와 가뭄 문제를 해결하려면 모든 국가가 함께 협력해야 된다는 결론을 내렸어. 그런데 이 회의 이후 사막화 문제를 해결하기 위한 구체적인 계획은 수립되지 못하였고 한동안 시간만 보내고 있었어.

사막화 문제가 다시 중요한 관심사로 떠오르게 된 건 1992년 브라질의 리우데자네이루에서 열린 유엔 환경 회의에서였어. 사상 최대의 환경 회의라고 불리는 리우 회의에서는 환경과 개발에 관한 기본 원칙을 세운 '리우 선언'이 채택되었고, 그 실천 방안으로 '아젠다 21'이 동시에 채택되었어. 이 아젠다 21 안에 사막화를 방지하자는 내용도 포함되어 있었어.

아젠다 21에 사막화 문제가 포함될 수 있었던 것은 사막화 현상으로 심각한 피해를 보고 있는 아프리카 국가들의 강력한 제안이 있었기 때문이야.

리우 회의 이후 사막화 문제에 대한 국제적인 협의는 속력을 낼 수 있었고, 수차례의 논의 끝에 1994년 10월 프랑스 파리에서 '사막화 방지 협약'이 채택되었고, 1996년 발효되었어. 이 협약의 정식 명칭은 '심각한 한발(가뭄) 또는 사막화를 겪고 있는 아프리카 지역 국가 등 일부 국가들의 사막화 방지를 위한 유엔 협약'이야.

사막화 방지 협약의 주요 내용은 다음과 같아.

> 첫째, 체결 당사국은 사막화 억제와 가뭄을 막기 위해 더 좋은 환경을 만들도록 노력한다.
> 둘째, 체결 당사국은 사막화 방지를 위해서 서로 협력한다.
> 셋째, 체결 당사국은 심각한 사막화를 겪고 있는 개발 도상국, 특히 아프리카 국가들을 경제적, 기술적으로 지원한다.

사막화 현상을 방지하지 않으면 농경지나 목초지 등은 점점 쓸모없는 땅이 되어 버려서 결국은 수확량이 줄어들어 심각한 식량난이 일어날 수 있어. 더구나 그런 지역에서는 생명체들도 살 수가 없어서 자연 생태계의 심각한 위험을 초래하기도 해. 이런 사막화 현상이 지속되면 주변 나라들도 사막화 지역에서 일어나는 모래 폭풍이나 황사의 영향으로 많은 피해를 입을 수밖에 없어. 이것이 바로 세계가 사막화 방지를 위해서 서로 협력할 수밖에 없는 이유야.

다행히 지금은 세계 각국이 이런 사막화의 위험성을 인식하고 있고, 대부분의 국가가 사막화 방지 협약에 가입하여 사막화 방지를 위하여 노력하고 있어. 우리나라도 1999년 이 협약에 가입했고, 2011년에는 경남 창원에서 총회도 개최했어.

사막화의 원인은 무엇일까?

사막화를 일으키는 원인은 크게 자연적 요인과 인위적인 요인으로 나눌 수 있어. 자연적 요인은 기후 변화에 따른 가뭄이나 장기간에 걸친 건조화 현상이 있고, 인위적 요인은 과도한 경작이나 벌목, 산업화, 지하수 고갈 등이 있어. 사실 인위적 요인이 심해지면 결국 이는 자연적 요인을 불러오기 때문에 사막화의 근본 원인은 인간의 활동에 있다고 볼 수 있지.

예를 들어, 인간이 숲의 나무를 베어 버리면 숲이 사라진 빈 토양은 태양 에너지 반사율이 증가하고 지표면은 냉각이 되어 온도가 내려가게 돼. 이렇게 차가워진 지표면에는 하강 기류가 형성이 되고 강우량은 감소하지. 강우량이 감소하면 토양의 수분은 적어지기 때문에 사막화가 되는 거야.

실제 유엔 환경 계획(UNEP)의 조사에 따르면 사막화의 원인 중 기상 이변으로 인한 자연적인 사막화가 전체의 13%에 해당하고, 나머지 87%는 인간에 의한 사막화라고 나와 있어. 일부 개발 도상국이나 선진국의 목축업자들은 대목장을 경영하면서 기업적인 방목을 하는데, 이런 방목은 초원의 풀을 없애 버리게 되고 결국 땅은 황폐해져 사막이 되는 거야. 또 상업적으로 사용하기 위해 숲의 나무를 베어 버리는 행위도 인간이 저지르는 사막화의 원인 중 하나야.

현재 사막화는 대부분의 나라에서 진행되고 있는데, 특히 심한 곳이 아프리카 대륙이야. 아프리카 대륙은 국토의 3분의 2가 사막이거나 건조한 지역이기 때문에 가뭄으로 인한 심한 고통을 겪고 있어.

아시아에서는 중국 북서부 지역의 사막화가 심각한데, 중국 국토의 4분의 1이 넘는 지역이 사막화의 영향을 받고 있어. 이 밖에도 남미, 유럽 남부, 호주, 미국 서부도 사막화 현상이 심각한 지역으로 분류되고 있는 곳이야.

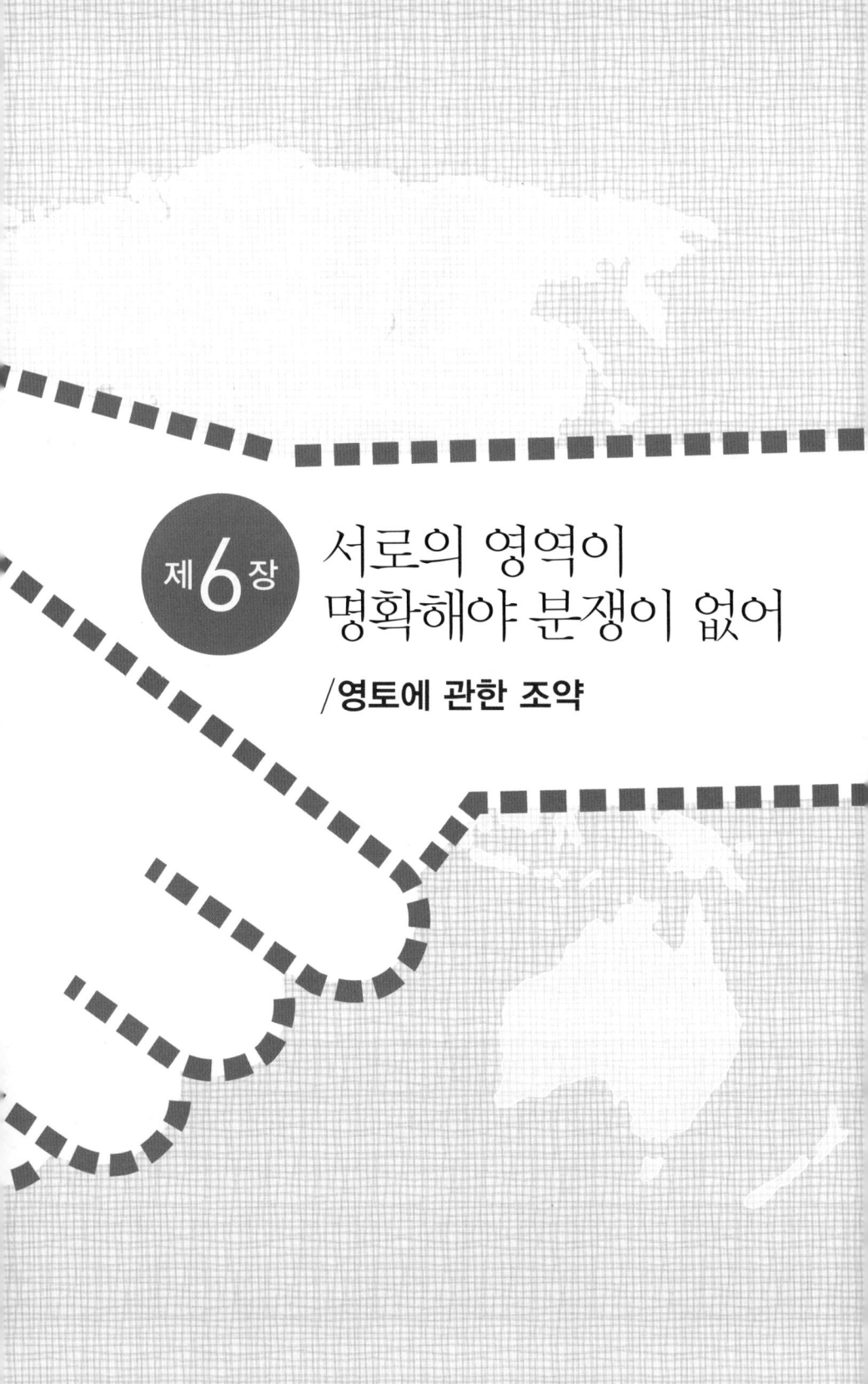

제6장 서로의 영역이 명확해야 분쟁이 없어

/**영토에 관한 조약**

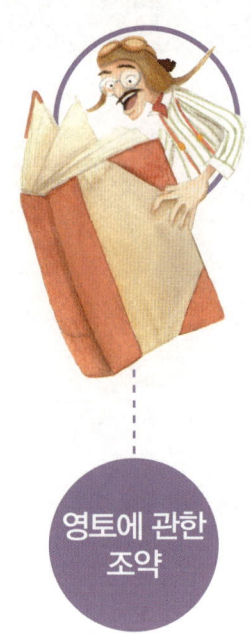

영토에 관한 조약

베르됭 조약

베르됭 조약은 간단하게 말하면 현재의 프랑스, 이탈리아, 독일의 영토가 구분된 계기가 되었던 조약이야. 이 조약은 아주 오래전 체결된 영토 분할에 대한 조약이기 때문에 세계사에 대해 어느 정도 기본적인 지식이 있다면 보다 쉽게 이해할 수 있어.

476년 서로마 제국이 멸망하고 난 뒤, 그 주변 지역은 여러 부족들이 몰리면서 혼란한 시기였어. 게르만족의 한 부류인 프랑크족도

① 체결 당사국 : 로타르와 루이 2세, 샤를 2세
② 체결 시기 : 843년
③ 체결 장소 : 현재 프랑스 베르됭
④ 체결 이유 : 형제들의 영토 분할

현재 독일 지역을 중심으로 자신들의 세력을 넓히고 있었는데, 이 부족이 5세기경 세운 나라가 바로 프랑크 왕국이야. 프랑크 왕국은 이후 세력을 넓혀 9세기경에는 지금의 독일, 이탈리아, 프랑스의 영토까지 모두 포함하는 대제국을 건설했어.

프랑크 왕국을 대제국으로 건설한 사람은 카롤루스 대제인데, 프랑스어로는 샤를마뉴 대제, 독일어로는 카를 대제라고도 불리는 인물이야. 그런데 대제국을 만든 카롤루스 대제가 814년 죽으면서 프랑크 왕국은 후계자 문제와 영토 상속 문제로 분열하게 되었어.

당시 프랑크 왕국은 아버지가 죽으면 아들들에게 영토를 골고루 나눠 주는 분할 상속 제도라는 전통이 있었어. 분할 상속 제도는 장단점이 있었는데, 아들들에게 고루 나눠 준다는 의미에서 공평하다는 장점과 제국이 아들 세대에 가서는 쪼개진다는 단점이 그것이야. 또 한 가지 단점은 땅을 골고루 나눠 갖기는 하지만 크기와 위치에는 차이가 있었고, 이에 대한 불만을 가지는 아들도 있었다는 거야.

카롤루스 대제도 자신이 죽은 뒤 영토를 어떻게 아들들에게 물려줄지 걱정하지 않을 수 없었어. 그런데 그의 아들 중 첫째와 둘째가 자신보다 먼저 죽게 되자 의외로 이 문제는 간단하게 해결되었어. 카롤루스 대제는 813년에 자신의 셋째 아들 루이(루트비히 1세라고도 함)에게 프랑크 왕국 대부분의 영토와 황제의 지위를 넘겨주고, 이듬해 세상을 떠났어.

루이 황제는 아버지인 카롤루스 대제와는 달리 전쟁보다는 평화를 원하는 인물이었어. 그는 아버지가 벌였던 모든 정복 전쟁을 그만두고 가톨릭교의 신앙심에 의지하려고 했어. 루이 황제에게 '경건왕, 자비왕'이라는 별명이 붙은 것은 그런 이유 때문이야.

루이 황제가 전쟁을 포기하자 일반 백성들은 환호했지만 지방의 영주들은 불만이 가득했어. 정복 전쟁을 하지 않으면 영주들은 자신들의 세력을 더 넓힐 수 없었기 때문이야. 이렇게 되자 지방에서는 황제에 대한 반란이 일어나기도 했어.

루이 황제는 자신이 언제 죽을지 모른다는 생각에 후계자 문제와 영토 문제를 미리 정해 놓았어. 황제의 지위와 영토의 대부분은 첫째인 로타르(로테르)에게 물려주고, 둘째 피핀에게는 아키텐(현재 프랑스 남서부 지역)을, 셋째 루이 2세에게는 바이에른(현재 독일의 남동부 지역)을 물려주었어.

생전에 후계자 문제와 영토 문제를 정해 놓았기 때문에 아무런 문제도 없을 것 같았던 루이 황제에게 넷째 아들 샤를 2세가 태어나면서 다시 한 번 영토 분할 문제가 일어났어. 또 루이 황제가 넷째 아들을 유난히 귀여워하자 다른 아들들은 불안을 느꼈고, 급기야 830년 반란을 일으켰어. 아들들 간 반란, 즉 왕자의 난이라고 불린 이 반란은 몇 차례에 걸쳐 물고 물리는 상황이 전개되었어.

왕자의 난 최후의 승자는 루이 황제의 첫째 아들인 로타르와 넷

베르됭 조약에 의해 만들어진 영토 지도

째 아들인 샤를 2세였어. 840년 루이 황제는 첫째 로타르에게는 프랑크 왕국의 동쪽을, 넷째 샤를 2세에게는 서쪽을 물려주고 세상을 떠났어.

루이 황제가 세상을 떠나자 첫째 로타르는 현재의 상황에 만족할 수 없었어. 원래 프랑크 왕국 대부분은 자신의 땅이었는데, 넷째와 반을 나누어야 했으니 불만이 생겼던 거야. 로타르는 곧바로 아버지 루이 황제가 정해 놓은 규정을 어기고 프랑크 왕국 대부분의 땅을 자신이 차지하겠다고 선언했어.

샤를 2세는 당연히 반발하고 나섰지. 샤를 2세는 왕자의 난 중 배제되었던 셋째 형 루이 2세와 손을 잡고 첫째 형 로타르에게 대항했어. 841년 영토 문제를 놓고 로타르와 두 동생인 루이 2세와 샤를 2세가 퐁트누아에서 전투를 벌였어. 전쟁의 승자는 루이 2세와 샤를 2세였어.

전쟁에서 패한 로타르는 843년 두 동생에게 어떤 요구도 들어주겠다고 하면서 협상을 제안했어. 이렇게 해서 프랑스 베르됭 지역에서 루이 황제의 세 아들이 모여 조약을 체결했는데, 이것이 바로 베르됭 조약이야.

베르됭 조약의 주요 내용은 다음과 같아.

> 첫째, 로타르는 프랑크 왕국 황제의 지위를 유지하면서 제국의 수도인 아헨(현재 독일의 서쪽 지역으로 벨기에와 네덜란드 접경 지역)과 로마를 다스린다.
> 둘째, 루이 2세는 로타르 영토의 동쪽 지역(현재 독일 지역)을 다스린다.
> 셋째, 샤를 2세는 로타르 영토의 서쪽 지역(현재의 프랑스 지역)을 다스린다.
> 넷째, 이미 죽은 루이 황제의 둘째 아들 피핀을 대신해서 그의 아들 피핀 2세는 아키텐(현재 프랑스 남서부 지역)을 다스리되 샤를 2세를 주군으로 섬긴다.

베르됭 조약으로 카롤루스 대제가 이룩해 놓았던 프랑크 왕국은 크게 중프랑크, 동프랑크, 서프랑크 왕국으로 분할되었어. 카롤루스 대제의 손자들이자 루이 황제의 네 아들들이 각자 영토를 나누어가지게 된 거야. 루이 황제의 둘째 아들 피핀은 이미 사망한 후였지만 그의 아들 피핀 2세가 아버지가 처음 물려받았던 아키텐 지역을 그대로 물려받으면서 네 아들 모두에게 골고루 영토가 돌아가게 되었어.

로타르가 차지한 영토는 중프랑크로 불렸는데, 오늘날 이탈리아의 모체가 되었고, 루이 2세가 차지한 영토는 동프랑크로 오늘날 독일의 모체가 되었으며, 샤를 2세가 차지한 영토는 서프랑크로 오늘날 프랑스의 모체가 되었어.

베르됭 조약은 근대 국가인 이탈리아, 프랑스, 독일을 탄생하게 한 조약인 동시에, 이후 조약에 의해 왕국의 영토가 분할되는 전례를 남겼다는 데 큰 의미가 있는 조약이야.

카롤루스 대제는 어떤 인물인가?

　5세기경 성립된 프랑크 왕국을 대제국으로 만든 장본인이 바로 카롤루스 대제야. 그는 742년 태어나 768년 왕위에 올랐고, 814년에 생을 마감했어.

　아버지가 죽고 난 뒤 처음에는 동생과 함께 프랑크 왕국의 공통 통치자가 되었다가 곧 동생이 죽자 단일 통치자가 되었어. 이후부터 카롤루스 대제는 정복 사업에 뛰어들었고, 마침내 서유럽 지역 대부분을 차지하는 대제국을 이룩했어.

　그는 넓은 영토를 다스리기 위한 방법으로 각 지방에 있는 영주의 지배권을 인정하면서도 중앙에서 관리를 파견하여 감시하는 정책을 시행했어. 옛 중국 주나라 시대의 봉건 제도와 비슷한 방법이었어.

　그는 왕위에 오른 뒤 이탈리아 지역을 완전히 정복하면서 800년에는 교황 레오 3세로부터 황제의 관을 수여받았어. 교황이 카롤루스 대제에게 황제의 관을 수여한 이유가 있었어. 당시 로마 가톨릭 교회는 서로마 제국 멸망(476년) 이후 동로마 제국(비잔틴 제국이라고도 하며 이스탄불을 중심으로 1453년까지 로마 제국의 명맥을 유지한 제국) 황제의 간섭을 받고 있었어. 교황은 당연히 동로마 제국의 간섭에서 벗어나고자 하였고, 그 적임자로 서유럽 지역 대부분을 통일한 카롤루스 대제를 선택했던 거야.

당시 카롤루스 대제가 받은 황제의 관은 동로마 제국의 영향 아래 놓여 있었던 서로마 지역의 부활이라는 의미가 있었기 때문에 카롤루스 대제는 서로마 황제에 오른 거나 마찬가지였어.

카롤루스 대제는 로마 제국의 분열 이후 처음으로 서유럽 지역을 정복하여 정치적, 종교적으로 통일시켰으며, 그로 인해 유럽 발전의 기초를 놓았다고 하여 '유럽의 아버지'라는 별명을 얻은 인물이기도 해.

그의 사후 프랑크 왕국은 손자들 대에 각각 중프랑크, 동프랑크, 서프랑크고 분할되었는데, 이들 지역은 오늘날 이탈리아, 독일, 프랑스의 모체가 되었어. 유럽의 아버지라는 별칭답게 서유럽 근대 국가의 기틀을 만들어 놓은 거지.

일반적으로 카롤루스 대제라고 불리지만 독일에서는 카를 대제, 프랑스에서는 샤를마뉴 대제라고 불러.

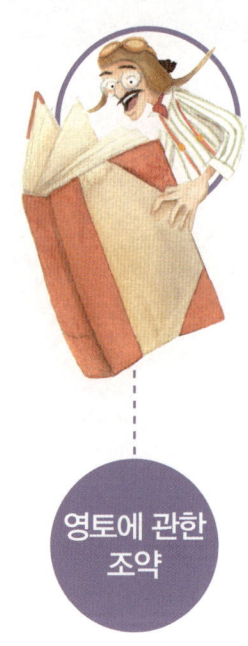

영토에 관한 조약

토르데시야스 조약

토르데시야스 조약은 간단하게 말하면 스페인과 포르투갈이 지구에 남북으로 선을 그은 후, 서로 한쪽씩 나눠 갖자고 한 약속이야. 조약이 체결될 당시 스페인과 포르투갈이 세계 최고의 강대국도 아니었는데, 어떻게 이런 일이 벌어졌을까? 두 나라가 세계 최고의 강대국이었다고 하더라도 이런 일은 일어나기 힘들었을 텐데 말이야.

15세기 유럽은 혼돈의 시기였어. 오스만 제국과 유럽 국가들이

① 체결 당사국 : 스페인과 포르투갈
② 체결 시기 : 1494년
③ 체결 장소 : 스페인의 토르데시야스
④ 체결 이유 : 신세계 개척 지역 경계 목적

서로 패권을 차지하기 위해 다투고 있었고, 영국과 프랑스도 백년 전쟁을 치르며 서로 갈등 관계를 유지하고 있었지. 이처럼 유럽 안에서 많은 나라들이 다투고 있을 때 오직 두 나라만이 해외로 눈을 돌려 신세계를 개척하려고 했어. 바로 스페인과 포르투갈이야.

신세계 개척을 먼저 시작한 건 포르투갈이었어. 포르투갈은 13세기부터 안정된 왕권을 바탕으로 신세계 개척을 준비했고, 15세기 초부터는 항해왕이라고 불리는 엔히크 왕자가 북아프리카와 대서양의 여러 섬들을 정복하기 시작했어.

여기서 더 나아가 포르투갈은 자신들이 정복한 땅에 대해서 공식적인 인정을 받으려고 했어. 그것은 당시 유럽에서 절대 권위를 갖고 있었던 교황의 힘을 빌리는 것이었어. 포르투갈의 바람대로 교황은 1456년 칙서를 발표하여 기니와 보자도르곶 남쪽(현재 아프리카 대륙의 서쪽 끝에 위치해 있는 국가 기니를 기준으로 그 남쪽 지역을 의미함)에서 발견되는 모든 땅의 권리가 포르투갈에게 있다고 했어.

이렇게 되자 신세계 개척을 준비하고 있던 스페인은 불만을 가질 수밖에 없었어. 포르투갈은 스페인의 불만을 잠재우기 위해

1480년 협상을 제안했어. 협상 내용은 포르투갈이 당시 스페인 지역에 있던 카스티야 왕국의 왕위 계승권을 포기하는 대신 교황의 칙서를 인정해 달라는 것이었어. 결국 스페인도 이 제안에 동의하여 두 나라의 갈등은 일단 수면 아래로 가라앉았어.

그런데 두 나라가 다시 싸울 수밖에 없는 사건이 터지고 말았어. 스페인의 지원을 받은 콜럼버스가 1492년에 신대륙을 발견하고 돌아온 거야. 1480년 합의된 교황의 칙서대로라면 이때 콜럼버스가 발견한 땅은 포르투갈의 땅이 되어야 했어. 콜럼버스에게 많은 지원을 했던 스페인 입장에서는 교황의 칙서를 받아들일 수 없었지.

스페인이 말을 듣지 않자 포르투갈은 다시 한 번 교황에게 판결을 내려달라고 요청했어. 그런데 1492년에 교황이 된 알렉산데르 6세는 스페인 출신으로 스페인의 지원을 받아 교황에 오른 인물이었어.

교황은 두 나라의 분쟁을 해결하기 위해 1493년 카보베르데 제도(아프리카 서해안에서 600킬로미터 떨어진 섬들)에서 100레구아(약 550킬로미터) 떨어진 지점에서 남북으로 길게 선을 그은 후, 선의 서쪽은 스페인 땅, 동쪽은 포르투갈 땅임을 인정하는 칙서를 발표했어. 현재 지도를 보면 남아메리카 대륙의 동쪽 끝을 통과하는 지점이야. 아메리카 대륙은 그 선을 경계로 서쪽 지역에 위치해 있으므로 콜럼버스가 발견한 땅도 당연히 스페인의 땅임을 인정하는 내용이었어.

이번에는 포르투갈이 불만을 가질 수밖에 없었지. 포르투갈은 교황의 칙서에 반발하고 전쟁까지 벌일 각오를 하고 있었어. 그런데 이 문제로 전쟁을 벌인다는 건 명분이 약했어. 포르투갈도 한때는 교황의 칙서를 근거로 땅을 차지하였던 경험이 있었기 때문이야. 그리고 국내 상황이 전쟁을 치를 처지가 아니었기 때문에 포르투갈은 다른 방법을 찾아야 했어.

포르투갈이 찾은 방법은 교황을 제쳐 두고 스페인과 직접 협상을 하는 방법이었어. 이리하여 1494년 스페인의 이사벨 1세와 포르투갈의 주앙 2세는 스페인의 토르데시야스에서 만나 신세계 개척지에 대한 협상을 시작했어. 이 협상 결과 체결된 조약이 바로 '토르데시야스 조약'이야.

토르데시야스 조약의 주요 내용은 다음과 같아.

> 첫째, 카보베르데 제도에서 서쪽으로 370레구아(약 2,035킬로미터) 떨어진 지점에서 남북으로 길게 선을 그은 후, 그 경계선의 서쪽은 스페인 땅으로, 동쪽은 포르투갈 땅으로 인정한다.
> 둘째, 두 나라는 경계선을 넘어 항해해서는 안 되며, 단지 자기 나라에 가기 위한 목적에서만 경계선을 넘는 것을 허용한다.

이 조약으로 포르투갈은 기존 교황의 칙서보다 서쪽으로 270레구아를 이동한 만큼의 땅을 더 얻게 되었어. 현재 지도에서 보면 이 경계선은 브라질을 지나고 있는데, 이 조약으로 인해 브라질은 포르투갈의 식민지가 되었고, 남아메리카에서는 유일하게 포르투갈어를 쓰는 국가가 되었어.

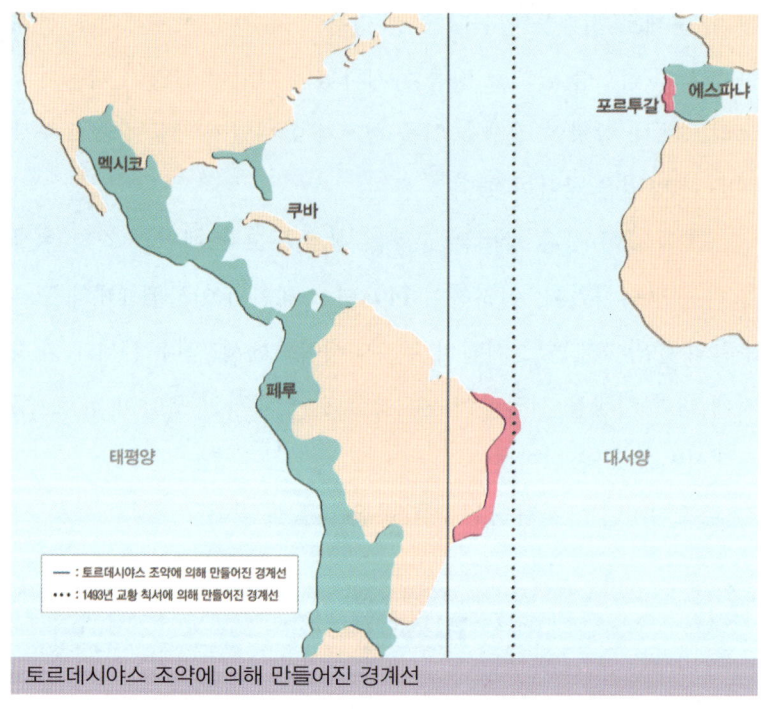

토르데시야스 조약에 의해 만들어진 경계선

　　토르데시야스 조약이 체결되고 난 후 알렉산데르 교황은 자신의 칙서를 무시한 조약이라며 불만을 표시했는데, 그의 뒤를 이은 교황 율리우스 2세는 1506년 이 조약을 승인했어.
　　토르데시야스 조약은 세계를 둘로 나눈 조약이었어. 아메리카 대륙이나 아프리카 대륙에서는 이미 오래전부터 원주민이 살고 있었는데, 그들의 터전을 한마디 상의도 없이 스페인과 포르투갈은 나눠 가졌던 거지.
　　이렇게 자기들 마음대로 선을 그은 토르데시야스 조약은 한동안은 신세계의 발견과 식민지 개척의 기준선이 되었어. 그런데 17

세기 초부터 영국, 프랑스, 네덜란드 등이 해외 식민지 건설에 뛰어들면서 이 조약은 무시되었어. 이들 나라는 처음부터 토르데시야스 조약을 인정하지도 않았고, 바다는 모두의 것이라고 주장했기 때문이야.

토르데시야스 조약이 역사에 남긴 것은 남아메리카에서 유일하게 포르투갈어를 쓰는 브라질을 탄생시켰다는 것과 강대국이 자기 마음대로 지도 위에 선을 그어 세계를 재단하고 착취하는 정복의 출발점을 알렸다는 거야.

브라질은 어떻게 발견했을까?

토르데시야스 조약으로 인해 포르투갈이 오늘날의 브라질을 얻기는 했지만 당시는 브라질의 존재는 물론이고 남아메리카 대륙이 존재한다는 사실 조차 모르던 시기였어.

두 나라는 이미 자신들이 발견한 카보베르데 제도를 기준으로 서쪽으로 몇 킬로미터 떨어진 지점에 남북으로 선을 그어 서쪽은 스페인, 동쪽은 포르투갈 땅이라고 정했을 뿐이야. 만약 포르투갈이 그 당시에 경계선 서쪽에 아메리카 대륙이 있다는 것을 알았다면 결코 그런 경계선을 긋지 않았을 거야. 거대한 아메리카 대륙을 통째로 스페인에게 넘겨줄리 없었을 테니 말이야.

포르투갈은 1493년 발표된 교황의 칙서보다 서쪽으로 270레구아 거리를 더 확장시킨 것만으로 만족했고, 그 확장된 거리에 현재의 브라질 땅이 들어가 있었던 거야.

브라질 땅을 가장 먼저 발견한 사람에 대해서도 몇 가지 의견이 있어. 공식적으로는 1500년 4월 22일 포르투갈의 원정대 사령관이었던 '페드루 알바르스 카브랄'이 처음 도착한 것으로 인정받고 있어. 원래 카브랄은 아프리카 대륙을 돌아 인도에 도착하기 위해 항해를 시작했는데, 우연히 브라질 남쪽 지역에 도착했던 거야.

　브라질 땅에 언제부터 사람이 살았는지는 학자들마다 조금씩 의견이 달라. 다만 발견된 화석 기록에 의하면 적어도 8,000년 전에 원주민들이 살았던 것으로 추정하고 있어. 1,500년에 포르투갈 사람들이 브라질 땅에 처음 도착했을 때 그곳에서는 약 200만 명의 원주민이 살고 있었다고 해.

　원주민들은 주로 강가에서 고기를 잡거나 사냥으로 생활하고 있었는데, 그들의 문화에 대해서는 특별하게 알려진 것은 없어. 처음에 포르투갈 사람들은 원주민들을 착하게 보았고, 결혼도 하면서 점차 동화하려고 노력했어. 그런데 그 교류로 유럽인들에게 있었던 홍역, 천연두, 결핵, 독감 등이 원주민들에게 전염되었고, 면역력이 없었던 원주민들은 대부분 목숨을 잃고 말았어.

　브라질이라는 이름은 포르투갈어인 '파우 브라질'에서 유래되었어. 이 말은 '불 붙은 숯과 같은 나무'라는 의미인데, 포르투갈 사람들이 처음 브라질 땅에 도착했을 때 해안가에서 이 나무를 발견하고 붙인 이름이야. 속이 붉은 나무이기 때문에 주로 붉은 염료의

재료로 쓰이면서 유럽에서 수요가 증가하였고, 그로 인해 이곳을 브라질이라 부르게 된 거야.

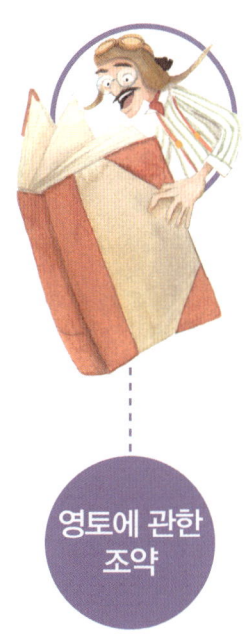

영토에 관한 조약

루이지애나 매입 협정

　루이지애나 매입 협정은 오늘날 미국이 세계를 움직이는 초강대국으로 발돋움할 수 있는 계기를 마련한 역사적인 사건이야. 이 협정으로 당시 미국의 영토는 두 배로 커졌고, 미국 서부 지역까지 확장할 수 있는 추진력이 생겼기 때문이야.
　미국이 1776년 독립을 선언하고 1783년 독립을 승인받을 무렵에는 현재 미국 동부 지역만이 미국의 땅이었고, 중부 지역과 서부

> ① 체결 당사국 : 미국과 프랑스
> ② 체결 시기 : 1803년
> ③ 체결 장소 : 프랑스 파리
> ④ 체결 이유 : 미국의 루이지애나 지역 매입 목적

지역은 프랑스와 영국, 멕시코의 땅이었어.

1803년 미국이 프랑스로부터 사들인 루이지애나 지역은 지금의 루이지애나 주와는 완전히 다른 지역이야. 현재의 루이지애나주는 미국 남부의 작은 주를 말하지만 당시 루이지애나 지역은 남북으로 길게 뻗은 미시시피강 서쪽의 광활한 땅이었어. 현재 미국의 중앙 지역 15개 주를 포함하는 엄청난 규모의 땅이야. 우리나라 남북한 면적의 10배에 해당하는 규모이지.

미국은 이처럼 엄청난 규모의 땅을 피 한 방울 흘리지 않고 프랑스로부터 단돈 1,500만 달러에 사들이는 수완을 발휘했어. 지금 생각해 봐도 조금 이해가 되지 않는 거래였지만 당시 프랑스로서는 그럴 만한 이유가 있었어.

프랑스는 17세기부터 미시시피강 유역을 탐사하여 이곳을 지배하고 있었어. 그런데 1762년에는 이곳의 주인이 스페인으로 바뀌었고, 프랑스가 관리하고 있던 캐나다 지역도 영국으로 넘어갔어. 이렇게 된 것은 '7년 전쟁(1756년~1763년)'과 '프렌치·인디언 전쟁(1754년~1763년)'의 결과였어.

7년 전쟁은 독일의 슐레지엔 지방을 차지하기 위해 오스트리아

와 프로이센이 1756년 벌인 전쟁이야. 유럽의 많은 나라들이 이 전쟁에 뛰어들었는데, 영국은 프로이센을, 프랑스는 오스트리아를 지원했는데, 전쟁의 승자는 영국과 프로이센이었어.

유럽에서 7년 전쟁이 일어나고 있을 때 아메리카 대륙에서는 영국과 프랑스가 인디언 영토를 둘러싸고 치열한 싸움을 벌이고 있었어. 이것이 바로 프렌치·인디언 전쟁이야. 이 전쟁에서도 프랑스는 영국에게 패하고 말았어.

두 전쟁에서 모두 패한 프랑스는 결국 전쟁 배상의 형식으로 루이지애나 지역은 스페인에게, 캐나다 지역은 영국에게 넘겨주게 되었던 거야.

그런데 1800년에 스페인은 루이지애나 지역을 다시 프랑스에게 돌려주기로 약속했어. 다시 세력을 확보한 프랑스의 나폴레옹이 스페인의 카를로스 4세를 설득한 결과였어. 이 약속은 양국의 왕이 비밀리에 구두로만 합의한 내용이었는데, 이에 대한 소문은 이미 미국의 귀에까지 들어가게 되었어.

당시 미국은 스페인과의 협상을 통해 루이지애나 남쪽의 항구도시 뉴올리언스와 미시시피강 수로를 이용할 수 있는 통행권을 보장받고 있었어. 미국은 이곳을 통해 국내 물류의 상당 부분을 운반하고 있었는데, 이곳이 프랑스로 넘어가게 되면 경제적으로 치명타를 입을 수밖에 없었어.

미국의 우려는 현실로 나타났어. 1802년 프랑스의 지시를 받은 스페인 총독은 미국 배들의 뉴올리언스와 미시시피강 수로 이용을 금지하는 조치를 내렸어. 이렇게 되자 당시 미국의 대통령이었던 토마스 제퍼슨은 이곳의 실질적 주인인 프랑스에 특사를 파견하여 협상을 시도했어.

미국은 프랑스에게 뉴올리언스를 팔든지, 아니면 통행권을 보장하라는 메시지를 전하고, 만약 두 가지 모두를 거절한다면 영국과 동맹을 맺어 프랑스에 대항할 수밖에 없다는 뜻을 전달했어.

그런데 나폴레옹은 미국의 제안에서 한발 더 나아가 뉴올리언스뿐만 아니라 루이지애나 지역 전체를 팔 의향이 있다고 다시 제안했어. 미국으로서는 마다할 리 없는 횡재에 가까운 제안이었어.

나폴레옹은 한반도의 10배가 되는 어마어마한 규모의 땅을 왜 미국에게 팔 생각을 했을까? 여기에는 그만한 이유가 있었어. 우선 나폴레옹은 전쟁 준비 자금이 필요했어. 당시 프랑스는 영국과 유럽뿐 아니라 식민지에서도 치열한 경쟁을 벌이고 있었는데, 영국과의 싸움에서 이기기 위해서는 무엇보다 전쟁 자금이 절대적으로 필요한 상황이었어. 또 미국이 영국과 동맹이라도 맺게 되면 프랑스에게는 오히려 더 불리한 상황이 될 거라고 판단했어. 결정적으로 나폴레옹은 루이지애나 지역의 가치를 몰랐어.

프랑스에 파견된 제퍼슨 대통령의 특사인 먼로와 리빙스턴은 나폴레옹의 마음이 바뀌기 전에 서둘러 계약을 체결하려고 마음먹었어. 이렇게 해서 두 나라 간 협상은 빠르게 진행되었고, 1803년 4월 미국은 1,500만 달러에 프랑스 소유였던 루이지애나를 매입한다는 계약을 체결했어.

루이지애나 지역을 판 프랑스나 그곳을 산 미국조차도 당시에는 루이지애나 지역이 그렇게 엄청난 규모의 땅이라는 건 상상하지 못했어. 그때까지만 해도 실제 경계선들이 명확하지도 않았고, 광활

당시 루이지애나 지역이 표시된 미국 지도

한 만큼 쓸모없는 땅이 대부분이라는 소문이 많았기 때문이야.

하지만 결과적으로 미국에게는 횡재가 되었고, 그로 인해 루이지애나 지역을 발판으로 미국은 서부 개척의 판로를 열어 마침내 세계의 강자로 우뚝 설 수 있었어. 루이지애나 매입은 미국에게는 하늘이 주신 축복이었다고 말할 수 있어. 정확하게는 프랑스가 준 선물이었던 셈이야.

이후 미국은 전쟁보다는 협상을 통해 현재 미국의 영토를 완성할 수 있었어. 1845년에는 텍사스를, 1846년에는 오리건을 영국에게서 얻었어. 1848년에는 광활한 캘리포니아 땅을 멕시코로부터 매입했고, 1867년에는 러시아로부터 알래스카를 매입했고. 1898년에는 하와이를 합병했어. 이렇게 해서 미국은 현재 50개 주의 어마어마한 영토를 가진 나라가 된 거야.

미국은 어떻게 알래스카를 소유했을까?

　러시아도 다른 유럽 국가들처럼 17세기부터 해외 식민지 개척을 시작했어. 그런데 러시아는 유럽 국가들과는 달리 주로 북쪽으로 눈을 돌려 식민지를 개척했어. 그렇게 해서 얻은 땅이 바로 알래스카 지역이야. 19세기 중반까지는 이곳을 기점으로 점점 더 아래로 내려와 캐나다와 미국 서부 해안까지 식민지를 건설하는 수완을 발휘하기도 했어.

　19세기 중반 이후 러시아는 유럽 내에서 벌어진 여러 차례의 전쟁에서 영국과 프랑스에게 패배하였고, 그로 인해 제정적인 어려움을 겪게 되었어. 게다가 영국 해군이 자신들이 점령한 알래스카 땅을 침략한다면 아무런 보상도 받지 못하고 잃을 수 있다는 위기감도 있었어.

　러시아 내부에서는 이런 상황을 감안하여 쓸모없는 알래스카 땅을 팔아서 자금을 융통하자는 의견들이 설득력을 얻고 있었어.

　1867년 3월 29일 러시아의 외무 장관인 에두아르 스테클은 워싱턴으로 날아가 미국의 국무 장관인 윌리엄 시워드와 알래스카 매각을 위해 협상을 시도했어. 협상은 하룻밤을 지나고 타결되었는데, 720만 달러에 알래스카를 미국에 매각하는 조건이었어.

당시 알래스카 매입 협상을 주도했던 러시아의 외무장관 에두아르트 스테클은 러시아로부터 거액의 상금과 연금을 받았지만 미국의 국무장관 윌리엄 시워드는 바보짓을 했다는 이유로 놀림을 받았어. 왜냐하면 미국의 알래스카 매입은 러시아 입장에서는 매우 만족한 결과였고, 미국 입장에서는 아무 쓸모없는 얼음 땅을 산 바보짓이었기 때문이야.

하지만 지금은 완전히 뒤바뀐 결과를 낳게 되었어. 러시아 입장에서는 아주 배 아픈 결정이었고, 미국에게는 횡재를 안겨 준 결정이었기 때문이야. 당시 바보짓이라는 놀림을 받았던 시워드는 지금은 '시워드의 날'이 생길 만큼 국민들에게 존경을 받게 되었어.

당시 알래스카에는 석유, 철, 목재, 천연가스, 구리, 금, 석탄 등 수십억 달러 가치의 자원이 매장되어 있었는데, 아무도 이런 사실을 알지 못했던 거야. 특히 석탄은 세계 석탄의 10분의 1이 이곳에 매장되어 있다고 해. 아마 이런 사실은 윌리엄 시워드도 몰랐을 거야.

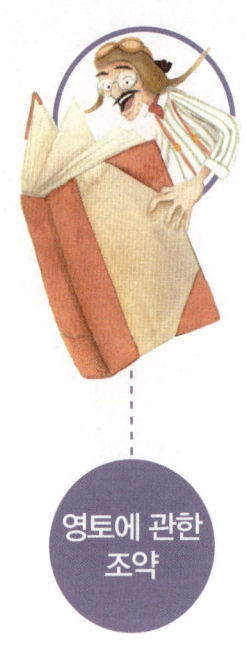

영토에 관한 조약

콩고 분지 조약

　15세기 이후 유럽의 많은 나라들은 아메리카, 아프리카 대륙을 발견하고 그곳에 식민지를 건설했어. 그중에서 아프리카 대륙은 다른 곳에 비해 늦게 진출한 곳이었어. 물론 이집트를 중심으로 아프리카 대륙 북쪽에 위치해 있는 지역은 일찍부터 문명이 발달하여 세계가 주목한 곳이었어. 그에 비해 아프리카 내륙 지역은 광활한 사막과 밀림 지대로 덮여 있었기 때문에 개발이 늦어질 수밖에 없었지.

> ① 체결 당사국 : 독일, 영국, 프랑스 등 15개국
> ② 체결 시기 : 1885년
> ③ 체결 장소 : 독일 베를린
> ④ 체결 이유 : 서구 열강들의 아프리카 분할 지배 목적

18세기까지 서구 열강들은 아프리카 대륙의 해안 지역만 개발하여 인도로 항해하기 위한 보급 기지 정도로만 활용하고 있었어. 서구 열강들이 한 가지 더 아프리카 대륙에서 얻은 이익이 있다면 그건 아프리카 원주민들을 노예로 팔아먹는 일이었어.

19세기가 되면서 비로소 서구 열강들은 광활한 아프리카 대륙에 관심을 보이기 시작했어. 각국은 아프리카 대륙의 내륙 지역을 정벌하기 위해 탐사 활동과 더불어 곳곳에 전진기지를 건설했어. 영국과 프랑스, 벨기에, 미국 등이 발 빠르게 움직인 나라들이야.

기지 건설과 탐사 활동이 끝난 나라들은 곧바로 대륙 침략을 시작했고, 콩고강 유역 분지에서 서로 부딪히게 되었어. 1876년 벨기에의 레오폴드 2세는 탐험가 스탠리를 후원하였다는 이유로 1881년 콩고강 유역을 자신의 보호령으로 삼았고, 프랑스도 1880년 콩고강 북쪽 지역에 보호령을 설치했어. 또 포르투갈은 콩고 왕국과의 협정을 기초로 콩고강 유역의 영유권을 주장했고, 영국은 1884년 포르투갈과 협정을 맺어 포르투갈의 영유권을 인정하는 대신 그 지역에서의 교역권을 얻었어.

영국과 포르투갈의 협정은 벨기에와 프랑스의 반발을 샀고, 다

른 지역에서도 갈등은 계속되었어. 북아프리카, 중앙아프리카, 서남아프리카 지역에서 영국, 프랑스, 벨기에, 이탈리아, 포르투갈, 독일 등은 치열한 쟁탈전을 벌였어.

이처럼 각 나라들이 충돌하게 된 데에는 저마다 아프리카 대륙을 차지하기 위해 일찍이 생각해 두었던 지역들이 서로 겹쳤기 때문이야. 각국은 사태가 더 커지기 전에 뭔가 조정이 필요하다는 생각을 하게 되었어.

이런 생각을 먼저 실천에 옮긴 인물은 독일의 수상 비스마르크였어. 그는 1884년 11월에 베를린으로 영국, 프랑스, 벨기에 등 관련 14개국(회의를 소집한 독일까지 포함하여 총 15개국) 대표들을 초빙하여 회의를 열었어. 15개국 대표들이 모인 베를린 회의는 이듬해 2월까지 진행되었는데, 회의 결과 분쟁 지역에 대한 각국의 합의가 이루어졌어. 그 합의 결과 나온 조약이 바로 '콩고 분지 조약'이야. '베를린 의정서'라고도 불러.

콩고 분지 조약의 주요 내용은 다음과 같아.

> 첫째, 체결 당사국은 아프리카 대륙에서 노예 무역을 금지한다.
> 둘째, 체결 당사국은 콩고강 유역에 세워진 콩고 자유국에 대해서는 벨기에의 지배권을 인정한다.
> 셋째, 체결 당사국은 콩고와 접경 지역인 적도 아프리카 지역에 대해서는 프랑스의 권리를 인정하고, 콩고강 하구에 대해서는 포르투갈의 지배권을 인정한다.

> 넷째, 체결 당사국은 서남아프리카 지역에 대해서는 나이저강을 기준으로 상류는 프랑스, 하류는 영국의 지배권을 인정한다.
> 다섯째, 체결 당사국은 아프리카 대륙에서는 교역과 선박 운송의 자유를 보장한다.
> 여섯째, 체결 당사국은 논의되지 않은 지역에 대해서는 실효적 지배를 원칙으로 한다.

　콩고 분지 조약은 첫째 조항에서 노예 무역을 금지한다는 명분으로 체결되었지만 사실은 광대한 아프리카 대륙을 서구 열강들이 서로 나눠 가진다는 내용이 중심이었어.

　또한 이 조약에서 합의된 실효적 지배 원칙은 이후 서구 열강들이 해외 식민지를 건설하는 데 기본 원칙이 되었어. 실효적 지배란 어떤 나라가 어느 지역에 대해 실질적으로 통치하여 지배권을 확립하는 것을 말해. 원주민과의 협상이나 전진 기지 건설, 교역로 건설 등이 실효적 지배의 중요한 기준이 되었어. 실효적 지배의 원칙이 있기 전에는 미개척 지역에 대해 '선점 원칙'이 적용되었어. 선점 원칙이란 탐험가 등에 의해 먼저 발견한 사람이 그 지역의 지배권을 가지는 것을 말해.

　조약 체결 이후 서구 열강들은 실효적 지배를 인정받기 위해 미개척 지역에 대해서는 기지 건설을 최우선으로 추진했고, 이로 인해 현지 원주민들과도 치열한 분쟁을 일으키기도 했어.

　콩고 분지 조약 이후에도 광활한 아프리카 대륙은 서구 열강들의 협상에 의해 자기들 마음대로 분할되었어. 그들은 지도를 펼쳐 놓고 강이나 호수, 또는 위도와 경도를 기준으로 직선으로 선을 그어 경계선을 확정했어. 오늘날 아프리카 국가들의 국경선이 대부분 직선으로 되어 있는 것은 이런 이유 때문이야.

　서구 열강들은 오래전부터 아프리카 대륙에서 삶을 살았던 원주민들의 문화나 인종 등을 완전히 무시하고 자기들 마음대로 땅을 분할해 버렸어. 이 분할선은 아프리카 국가들이 식민지에서 독립한 후에도 그대로 국경선이 되었는데, 이로 인해 아프리카 국가들은

당시 유럽 열강들의 아프리카 지배 지도

독립 후에도 심각한 갈등을 빚을 수밖에 없었어. 경계선이 인종이나 문화까지 나누어 놓았기 때문이야. 같은 민족, 같은 문화권을 기준으로 경계선이 그어져야 아무런 갈등이 없는데, 한 국가 안에 두 개의 문화, 두 개의 민족이 존재하다 보니 갈등과 분쟁은 필연적으로 생길 수밖에 없었던 거지.

콩고 분지 조약으로 인해 서구 열강들은 저마다 아프리카 대륙에서 막대한 이익을 얻었겠지만 정작 아프리카 대륙이 삶의 터전이었던 원주민들에게는 분쟁과 갈등을 가져다 준 불행의 씨앗이 된 조약이라고 볼 수 있어.

더 알아보기

콩고 분지는 어떤 곳일까?

콩고 분지는 아프리카 중서부 적도 아래 콩고강 유역에 있는 거대한 분지를 말해. 분지는 주위가 산으로 둘러싸여 있고 그 안은 평평한 곳을 말하는데, 주변의 산으로부터 물이 흘러 들어와 하천이 발달하기 좋은 곳이야.

콩고 분지는 남아메리카에 있는 아마존 분지 다음으로 세계에서 두 번째로 큰 강의 분지야. 콩고 분지는 콩고 공화국, 카메룬, 중앙아프리카 공화국, 콩고 민주 공화국, 탄자니아, 잠비아, 앙골라 일부 지역까지 퍼져 있어.

또한 콩고 분지는 아마존의 열대 우림 다음으로 큰 열대 우림 지역으로 이곳에는 수많은 나무들이 자라고 있고, 고릴라, 침팬지, 코끼리 등 70종 가까운 영장류들이 살고 있는 땅이기도 해. 유네스코도 이런 콩고 분지의 중요성을 인정하여 분지 내 열대 우림 지역을 유네스코 세계 자연 유산으로 지정했어.

콩고 분지에는 많은 지하자원이 매장되어 있어 주변 나라들의 경제에도 큰 보탬을 주고 있는 곳이야. 단지 이 지역이 여러 나라들에 의해 분할되어 있어 효율적인 개발이 늦어지고 있는 것이 문제야.

콩고 분지에 걸쳐 있는 콩고강은 길이가 4,700킬로미터나 되는 거대한 강으로 아프리카에서는 나일강 다음으로 긴 강이야. 콩고강의 발원 지점은 잠비아 지역인데, 여기에서 출발하여 콩고 민주 공화국을 휘감아 흐른 뒤, 콩고 공화국과 콩고 민주 공화국의 국경을 따라서 대서양으로 흘러 들어가는 강이야. 콩고강은 세계에서 수심이 가장 깊은 강으로 알려져 있고, 강에는 7개의 큰 폭포가 있으며, 수많은 종류의 물고기가 서식하고 있어. 콩고강에는 수많은 지류들이 형성되어 있어 그곳을 통해 배들이 드나들며 내륙 지방의 경제 발전에도 큰 몫을 하고 있는 강이야.

  콩고강이라는 이름은 이곳에 존재했던 콩고 왕국에서 따온 것인데, 현재 콩고강을 끼고 있는 콩고 공화국과 콩고 민주 공화국의 이름도 여기에서 따온 말이야.

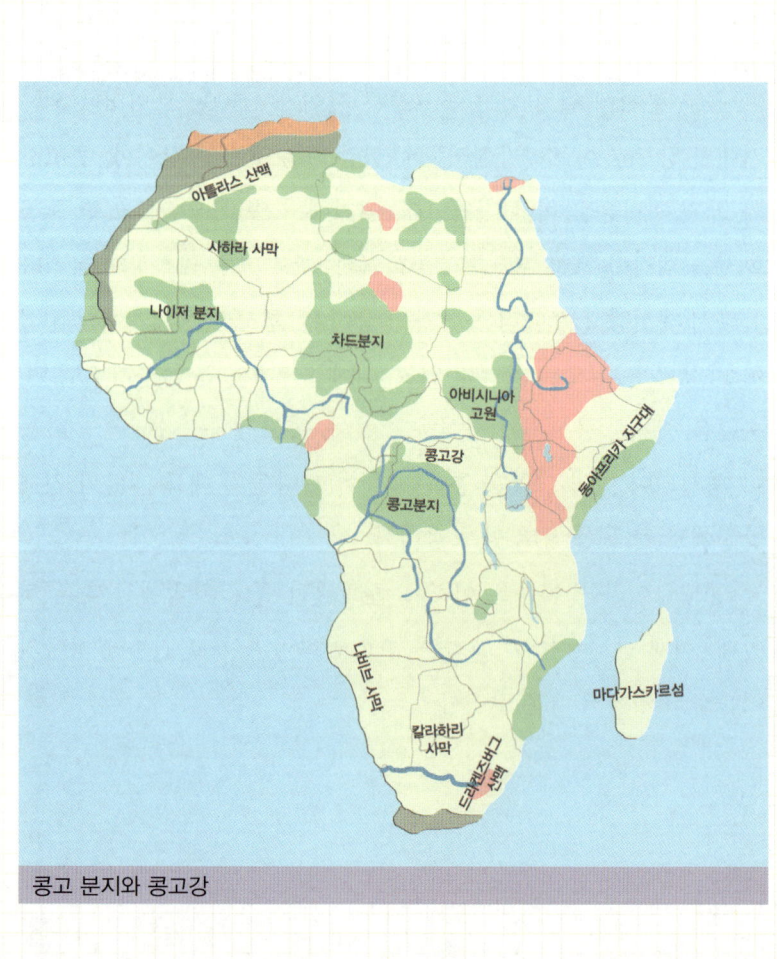

콩고 분지와 콩고강

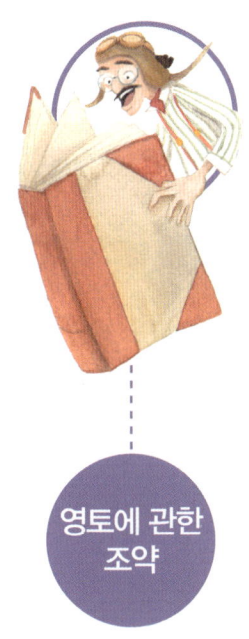

영토에 관한 조약

남극 조약

지구는 오대양 육대주로 이루어져 있다는 말을 들어 보았을 거야. 오대양은 다섯 개의 큰 바다를 말하는데, 태평양, 인도양, 대서양, 남빙양(남극해), 북빙양(북극해)이 그것이지. 육대주는 여섯 개의 큰 대륙을 말하는데, 아시아, 아프리카, 유럽, 오세아니아, 북아메리카, 남아메리카를 말해. 그런데 여섯 대륙 중 하나인 유럽보다 더 큰 대륙이 지구상에 존재하고 있다는 사실을 알고 있는 사람은 많지가 않아. 그

① 체결 당사국 : 미국, 영국, 프랑스 등 12개국
② 체결 시기 : 1959년
③ 체결 장소 : 미국 워싱턴
④ 체결 이유 : 남극 대륙에 대한 영유권 논의

대륙은 바로 남극 대륙이야.

남극 대륙은 유럽보다 큰 땅이며, 지구 육지의 10%에 해당하는 엄청난 규모의 땅이지만 영하 50도가 넘는 혹한의 얼음 땅이었기 때문에 사람들의 관심을 받지 못했어. 그런 이유로 남극 대륙은 근래에 발견된 땅이야. 정확하게 누가 먼저 발견했다는 기록은 없지만 대체로 19세기 이후에 발견된 것으로 알려져 있어.

19세기 초부터 각국의 탐험가들은 미지의 개척지인 남극 대륙 쪽으로 관심을 갖고 탐험을 시작했어. 남극 대륙의 탐험에는 과학 기술의 발전이 한몫을 했다고도 볼 수 있어. 영하 50도가 넘는 땅에서 살아남기란 쉬운 일이 아니었기 때문이야.

남극 대륙의 탐험 역사를 살펴보면, 1819년 영국의 윌리엄 스미스가, 1821년에는 러시아의 벨링스하우젠과 미국의 파머가, 1837년에는 프랑스의 뒤르빌이, 1841년에는 다시 영국의 제임스 로스가 남극 대륙을 탐험하고 자신들이 발견한 지점에는 자신들의 이름을 붙였어.

뒤이어 과학자들의 과학 탐사도 시작되었어. 영국, 독일 등의 과학자들은 이곳에 탐사 기지를 건설하고 장기간 거주하면서 남극의 자연환경을 관찰했어. 20세기가 되면서 남극 대륙의 중심인 남극점을 정복하기 위한 시도가 있었고, 1911년 아문센과 스콧이 마침내 남극점을 정복했어. 이때까지만 해도 남극 대륙은 어느 나라의 소유도 아닌 누구나 와서 관측할 수 있는 지역이었어.

그런데 1908년 남극 대륙이 자신들의 영토라는 주장이 처음 제기되었어. 영국은 남극의 초기 발견자가 모두 영국인이라는 이유와 남극에서 가장 가까이에 있는 영토(남아메리카의 포클랜드 제도)가 영국 땅이라는 이유를 들어 남극 대륙의 영유권을 주장했어.

이렇게 영국이 남극 대륙의 영유권을 주장하고 나서자 뒤이어 다른 나라들도 각각의 이유를 들어 영유권을 주장하고 나섰어. 호주, 뉴질랜드, 프랑스, 아르헨티나, 노르웨이, 칠레가 그들이야.

영유권을 주장한 7개 나라 외에도 남극 대륙에 관심을 갖고 있는 나라는 많았어. 당시 막강한 군사력을 지니고 있었던 미국과 소련이 대표적인 나라였어. 미국은 영유권을 주장하지는 않았지만 지속적으로 남극 대륙에 대한 관측과 탐사를 진행하고 있었어. 알래스카처럼 얼음의 땅에서 귀한 보물을 캘 수 있을지 모른다는 기대감에서 말이지. 제2차 세계 대전이 끝난 직후에는 영국과 아르헨티나의 선박이 남극 대륙 근처에서 대치하는 상황도 벌어졌고, 소련도 남극 대륙에 대해서는 목소리를 높이기 시작했어. 세계 전쟁이 끝난 지 얼마 되지도 않았는데 잘못하면 다시 한 번 세계 전쟁이 일어날지도 모른다는 위기감이 조성되었어.

이에 국제 사회는 남극 대륙 문제를 대화와 협력으로 풀 것을 요구했고, 남극 대륙에 대한 영유권을 주장하지 말고, 과학 탐사로만 활용하자고 제안했어. 이 제안은 많은 국가들의 지지를 받았어.

1958년 영국은 호주, 뉴질랜드 대표와 회담을 갖고 남극 대륙을 유엔의 관리하에 두고, 과학적 목적으로만 활용하자는 합의를 이끌어 냈어. 남극 대륙 영유권을 가장 적극적으로 주장했던 영국이 이렇게 나오자 다른 나라들도 영유권 고집을 피울 수가 없었어.

1958년 5월, 미국의 아이젠하워 대통령은 남극 대륙의 영유권을 주장했던 7개 나라 대표와 남극 대륙에서 관측 활동을 벌였던 남아프리카 공화국, 소련, 일본, 벨기에 대표들을 워싱턴으로 초대하여 남극 대륙에 대한 조약을 맺기 위해 회담을 가졌어.

미국을 포함한 12개국 대표들은 수십 차례의 회의를 거친 후 1959년 12월 기본적인 원칙에 합의했어. 바로 남극 조약이 체결된 거야.

남극 조약의 주요 내용은 다음과 같아.

> 첫째, 체결 당사국은 평화적 목적으로만 남극 대륙을 활용한다.
> 둘째, 체결 당사국은 남극 대륙에서 이루어지는 과학적 조사에 대해서는 규정을 어기지 않는 한 자유를 보장한다.
> 셋째, 체결 당사국은 영유권에 대한 어떤 주장도 승인하거나 청구하지 않고, 논의하지도 않는다.
> 넷째, 체결 당사국은 남극 대륙에서 핵 실험이나 방사성 폐기물 투하를 금지한다.
> 다섯째, 체결 당사국은 남극 대륙 전역에서 이루어지는 조사나 활동에 대해 사찰할 권한을 갖고, 조약에 위배되는 행동에 대해서는 저지해야 한다.

남극 조약은 1959년 체결되고 2년 후인 1961년에 발효되었어. 이렇게 해서 남극 대륙은 어느 나라의 소유도 아닌 세계 모두의 공동 지역으로, 오직 평화적 목적의 과학적 탐구 활동만을 할 수 있는 지역으로 남게 되었어.

남극 조약이 체결되고 난 후 남극 대륙의 실질적인 관리 운영은 처음 조약을 체결한 12개국에 있었어. 그러다 보니 남극에서 과학 탐사 활동을 하려는 다른 나라들 입장에서는 불만이 많았어. 이런 문제를 해결하기 위해 유엔은 1985년 남극 대륙의 개발 및 운영에 대해서는 모든 국가들이 동등한 권리를 가진다는 결의안을 채택했어. 하지만 남극 조약 12개 체결국이 이 결의안에 반대하면서 결의안은 소용이 없게 되었어.

상황이 이렇게 되자 남극 조약 비체결국들은 어떻게든 조약에 가입하여 자신들의 발언권을 확보하려고 했어. 세계의 여론도 비체결국들의 의견을 옹호하는 쪽으로 형성되었어. 결국 남극 조약 체결국들은 남극에 기지를 건설하고 과학 활동을 하는 나라에 대해서는 조약 협의 당사국 회의에 참여할 권한을 부여했어. 당사국 회의에 참여하는 나라들은 남극 대륙의 여러 가지 사안에 대해 투표권을 행사할 수 있는 권한도 부여받았어.

현재 남극 조약 협의 당사국 회의에는 기존 12개 체결국과 남극에서 과학 활동을 벌이고 있는 한국, 중국, 인도 등 17개 나라가 추가로 가입하여 29개 나라가 참여하고 있어. 현재 남극 조약에는 50여 개 나라가 가입되어 있지만 당사국 회의에 참여할 수 있는 나라는 이들 29개 나라뿐이야. 우리나라는 1978년부터 남극 연구를 시작했고,

세종 기지

1986년에 남극 조약에 가입했어. 그리고 1988년에는 남극에 세종 기지를 건설함으로써 세계에서 18번째로 과학 기지를 건설한 국가가 되었어.

남극 대륙과 관련된 다른 국제조약은 어떤 것이 있나?

 많은 나라들이 남극 대륙에서 과학 탐사 활동을 진행하다 보니 새롭게 두 가지 문제가 발생하게 되었어. 하나는 1970년대부터 세계적인 관심사로 떠오른 환경 보전에 관한 문제야. 때 묻지 않은 남극의 자연 환경을 끝까지 보전해야 한다는 생각에서 여러 가지 보호 장치를 마련할 필요성이 제기된 거지. 또 하나는 탐사 활동을 통해서 알게 된 남극의 어마어마한 자원에 관한 활용 문제야.

 국제 사회는 남극의 환경 보전과 자원 활용 문제를 해결하기 위하여 또 다른 협의를 하게 되었고, 그 결과 몇 가지 조약이 더 체결되었어.

 1972년에는 특정 동식물의 보존을 목표로 하는 '남극의 바다표범 보호에 관한 협약'이 체결되었고, 1980년에는 '남극 해양 생물 자원 보존에 관한 협약'이 체결되었어. 또 1988년에는 남극에 있는 지하자원의 지속 가능한 활용을 위해서 '남극 광물 자원 활동 규제 조약'을 체결하려고 했는데, 결국 이 조약은 발효되지 못했어. 왜냐하면 한정되어 있는 광물 자원을 어떻게 지속 가능하게 활용할 수 있냐는 비판이 제기되었기 때문이야.

1990년에 광물 자원 활용 문제를 다시 논의하기 위해 당사국 회의가 개최되었는데, 이 회의에서는 확실한 결론을 내지 못하고, 광물 자원 활용 논의를 50년 뒤로 미룬다는 내용에만 합의했어. 합의된 내용을 바탕으로 1991년 스페인의 마드리드에서 '환경 보호에 관한 남극 조약 의정서'가 채택되었어. 이 조약은 남극 조약을 보충하는 의미가 있으며, 1988년 체결하려다 부결된 남극 광물 자원 활동 규제 조약을 대신하는 조약이라는 의미가 있어.
　이 조약의 핵심 내용은 남극 지역의 환경과 생태계를 보호하기 위해 자연 보호 지역으로 지정한다는 거야. 자연 보호 지역으로 지정되면 앞으로 50년간은 남극 지역에서 과학적 연구 외 광물 자원의 연구와 개발은 금지되는 거야. 1998년 발효된 조약이므로 앞으로 2048년까지는 남극 지역에서 광물 자원 개발은 할 수가 없어.
　이렇게 해서 남극 대륙에 대해서는 그 어떤 나라도 영유권을 주장할 수 없게 되었고, 자원 활용도 할 수 없는 지역으로 남게 되었어.

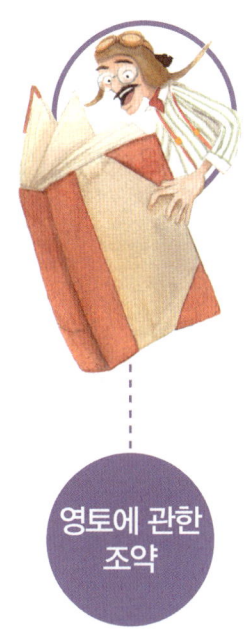

영토에 관한 조약

유엔 해양법 협약

지구 전체 면적의 70%에 해당되는 바다는 과연 누구의 영토일까? 왜 그동안 사람들은 지구 전체 면적의 30% 밖에 안 되는 육지에서만 분쟁을 벌이고, 바다를 차지할 생각은 못했을까? 바다에는 수많은 자원이 있을 텐데, 왜 그것을 차지할 생각은 못했을까? 바다를 생각하면 이런 의문들을 떠올릴 수 있을 정도로 궁금한 게 많은 곳이기도 해.

① 체결 당사국 : 유엔 해양법 회의 참석국
② 체결 시기 : 1982년
③ 체결 장소 : 자메이카 몬테고 베이
④ 체결 이유 : 해양에 대한 영유권 문제와 해양법 질서 확립 목적

그동안 바다는 단순히 항해하는 곳으로만 인식되었어. 바다에서는 누구나 간섭을 받지 않고 자유롭게 항해할 수 있었고, 누구의 것이라는 소유권 개념도 없었어.

20세기에 들어서면서 바다에 대한 생각이 바뀌기 시작했어. 바다의 가치를 세계가 인식하면서 바다에 대한 소유권 문제와 자원 활용 문제가 두드러지게 나타났어. 우선 영해권 문제가 가장 관심의 대상이었어. 영해란 영토에 인접한 바다를 말하는데, 한 나라의 주권이 미치는 바다를 의미해.

20세기 중반부터 각국은 영해의 기준을 12해리(약 22킬로미터)에서 200해리(약 370킬로미터)로 선언했어. 영해의 기준이 나라마다 차이가 있다 보니 여러 문제가 발생했고, 이런 분쟁을 막기 위해서는 공통의 기준이 필요하게 되었어.

1956년 유엔은 제네바에서 영해에 대한 기준과 자원 활용에 대한 원칙을 만들기 위해 제1차 유엔 해양법 회의를 개최했어. 이 회의 결과 1958년에는 '어업 및 공해 생물 자원 보존에 관한 협약', '영해 및 접속 수역에 관한 협약', '대륙붕에 관한 협약', '공해에 관한 협약' 등 네 가지 협약을 채택했어.

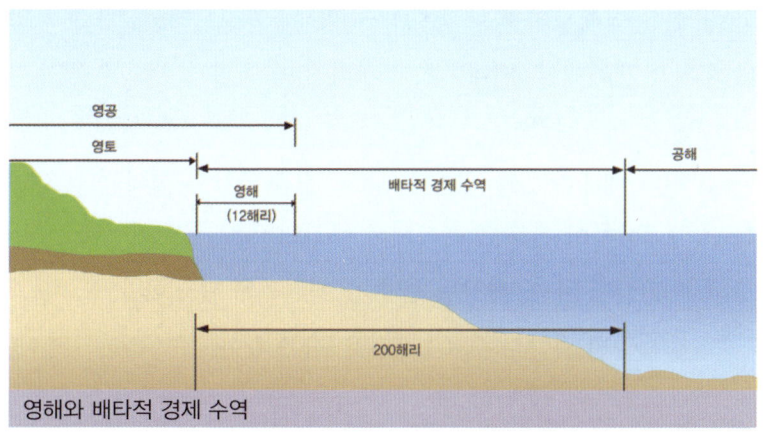

영해와 배타적 경제 수역

    그런데 이들 협약은 몇 가지 문제점을 안고 있었어. 우선 대륙붕에 관한 협약에서는 대륙붕을 해안에서 200미터까지의 얕은 바다로 설정했지만 200미터보다 깊더라도 자원을 개발할 수 있다면 대륙붕에 포함된다는 조건을 달아 놓아 그 경계선을 명확하게 규정하지 않았어. 이렇게 되면 바다를 사이에 두고 있는 나라들은 분명 불명확한 대륙붕의 정의로 갈등을 겪을 수밖에 없었어. 또 어업 수역의 경계선도 정확하게 합의가 이루어지지 않아 많은 나라들이 비준을 거부했어.

    유엔은 다시 이런 문제들을 해결하기 위하여 1960년 제2차 유엔 해양법 회의를 개최하였는데, 이 회의에서도 영해의 범위에 대해 합의를 이루지 못했어.

    이런 가운데 1967년 유엔 총회에서 몰타의 외교관 아르비드 파르도는 국가의 관할권 밖에 있는 해저에 대해서는 인류 공동의 자산으로 규정하자고 제안했어. 이 제안은 많은 이들의 공감을 얻었고, 유엔은 심해저의 평화적 이용을 위해 1973년 제3차 유엔 해양법 회의를 개최했어. 제네바에서 개최된 이 회의는 장소를 옮겨 가며 10년 간 계속되었어.

1973년 제네바에서 시작된 제3차 유엔 해양법 회의는 1982년 12월 자메이카의 몬테고 베이에서 마침내 마침표를 찍었어. 10년 간의 회의 끝에 '유엔 해양법 협약'을 체결하게 된 거야.

유엔 해양법 협약의 주요 내용은 다음과 같아.

> 첫째, 체결 당사국은 12해리(약 22킬로미터)를 넘지 않는 범위 안에서 자국 영해의 모양을 자유롭게 설정한다.
> 둘째, 체결 당사국은 200해리(약 370킬로미터)의 '배타적 경제 수역(자신들만의 권리를 행사할 수 있는 경제 수역)'을 설정한다.
> 셋째, 체결 당사국은 대륙붕을 해안에서 200해리까지의 해저로 새로 정의하고, 그 외의 심해저에 대해서는 인류 공동 자산으로 간주한다.
> 넷째, 체결 당사국은 심해저를 공동 관리하기 위하여 '국제 해저 기구'를 설립하고, 각종 해양 관련 분쟁을 조정하기 위하여 '국제 해양 재판소'도 설립한다.

이 협약에 의해 영해의 기준이 세워졌고, 각국은 12해리의 영해에 대해서 주권을 행사할 수 있게 되었어. 또 배타적 경제 수역이 설정됨으로써 각국은 수역 안에서는 과학적 탐사와 자원 활용을 다른 나라의 간섭 없이 할 수 있게 되었어.

유엔 해양법 협약은 나름 의미가 있는 협약이었지만 몇 가지 문제점도 지니고 있었어. 그중 하나는 배타적 경제 수역 때문이야. 인접한 국가들은 대부분 200해리에 해당하는 배타적 경제 수역이 겹칠 수밖에 없는데, 이를 두고 각국은 분쟁을 겪을 수밖에 없었어. 우리나라도 일본과 배타적 경제 수역이 겹치기 때문에 별도로 일본과 협의를 거쳐 이 문제를 해결하고 있는 상황이야.

또 한 가지 문제점은 협약의 규정을 어겨도 구체적인 제재를 할 수 없다는 점이야. 처음 협약을 작성할 때는 제재 규정까지 만들어 놓았는데, 일부 나라들이 반대 입장을 표명하자 이를 무마하기 위하여 제재 규정은 협약에서 빼 버렸어.

그럼에도 불구하고 유엔 해양법 협약은 회의에서 압도적인 지지로 채택되었어. 지구의 환경, 특히 해양을 보전하기 위하여 세계가 뜻을 함께한 결과였어.

그런데 미국을 비롯한 일부 선진국들은 심해저를 인류 공동의 자산으로 간주한다는 내용이 자국의 이익을 심각하게 침해하고 있다는 이유에서 반대 입장을 나타냈고, 그로 인해 이 협약은 1994년에야 발효될 수 있었어. 하지만 갈수록 지구 환경 오염에 대한 심각성이 제기되면서 이런 의견들은 잦아들었고, 현재는 미국을 제외한 선진국들은 이 협약에 동참하고 있어.

더 알아보기

배타적 경제 수역은 어떤 곳인가?

배타적이란 다른 사람이나 집단을 제외하거나 배척하는 것을 말해. 따라서 배타적 경제 수역은 다른 사람이나 집단을 배척하고 오로지 자신들만의 권리를 행사할 수 있는 경제 수역이야.

국제 해양법상의 배타적 경제 수역이란 자국 연안으로부터 200해리까지의 모든 자원에 대해 독점적인 권리를 행사할 수 있는 수역을 말해. 영해의 기준이 자국 연안으로부터 12해리까지를 규정하고 있기 때문에 실질적인 배타적 경제 수역은 188해리라고 볼 수 있어.

영해는 자국의 주권이 미치는 국가의 영역에 포함되지만 배타적 경제 수역은 국가의 영역에는 포함되지 않고, 단지 독점적인 권리를 행사할 수 있는 수역일 뿐이야.

조금 더 쉽게 설명하면 영해는 군사적 권한과 경제적 권한이 모두 주어지는 수역이고, 배타적 경제 수역은 경제적 권한만 주어지는 수역이야. 영해에는 다른 나라의 배나 비행기가 허락 없이 드나들 수 없지만 배타적 경제 수역에서는 다른 나라의 배나 비행기도 자유롭게 드나들 수 있어.

　배타적 경제 수역에 대한 국제적인 기준은 1982년 채택된 유엔 해양법 협약에서 규정되었어. 1994년 발효된 유엔 해양법 협약에서는 배타적 경제 수역을 자국의 연안으로부터 200해리까지로 규정하였고, 이 수역에서는 어업 자원, 광물 자원, 에너지 생산권과 탐사권, 해양 과학 조사 관할권, 환경 보호 관할권 등의 권리를 인정하고 있어. 만약 다른 나라의 배가 배타적 경제 수역 안에 들어와 조업을 할 경우에는 반드시 그 나라의 허가를 받아야 하는데, 이를 위반할 시에는 처벌을 받게 되어 있어.

　그런데 배타적 경제 수역은 서로 인접한 두 나라 사이에서는 중복되기 때문에 많은 분쟁거리가 되기도 했어. 우리나라와 일본, 중국이 특히 그런 경우인데, 이런 문제를 해결하기 위하여 세 나라는 중복되는 수역에 대해서는 공동으로 관리하는 수역을 정해 놓았어. 한중 어업 협정, 한일 어업 협정 같은 조약들이 모두 중복되는 수역에 대한 분쟁을 막기 위해 새롭게 체결한 조약들이야.

제7장 이런 조약도 있어

/그 외 다양한 조약

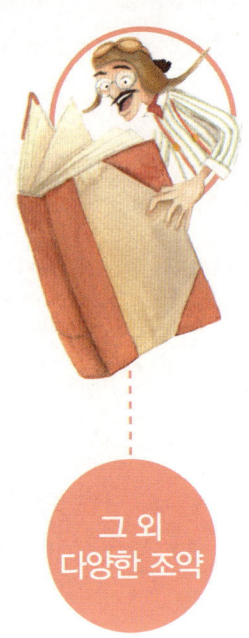

그 외
다양한 조약

베른 협약

베른 협약은 저작권을 보호할 목적으로 체결된 조약이야. 저작권이란 저작자가 그 자신이 창작한 저작물에 대해서 갖는 권리를 말해. 1886년 스위스 베른에서 체결된 조약인데, 정식 명칭은 '문학 및 미술 저작물 보호에 관한 국제 협정'이야. '만국 저작권 보호 동맹 조약'이라 부르기도 해.

이 조약이 체결될 당시 유럽에서는 다른 나라 사람들의 저작물

① 체결 당사국 : 스위스, 독일 등 10개국
② 체결 시기 : 1886년
③ 체결 장소 : 스위스 베른
④ 체결 이유 : 저작권 보호 목적

을 무단 출판하는 경우가 많았어. 그런 까닭에 저작자의 권리를 보호할 필요성이 제기되었지. 그 결과 1886년 스위스 베른에서 스위스, 독일, 벨기에 등 10개국 대표들이 모여서 저작물에 대한 저작자의 권리를 보호하는 조약을 체결했어.

베른 협약의 주요 내용은 다음과 같아.

첫째, 체결 당사국은 다른 나라 국민의 저작물을 자국의 저작물과 동등하게 대우하고 보호한다.
둘째, 체결 당사국은 저작물이 일정한 등록이나 납본 등의 절차를 거치지 않았다 하더라도 보호한다.
셋째, 체결 당사국은 저작권의 보호 기간을 저작자의 생존 기간 및 사후 50년으로 정한다. 단, 상대국의 보호 기간이 자국의 보호 기간보다 짧을 경우에는 짧은 쪽의 보호 기간을 적용한다.
넷째, 체결 당사국은 문학 및 미술 저작물에 대해서 보호한다.
다섯째, 체결 당사국은 협약 체결 이전에 나온 저작물에 대해서도 보호한다.

베른 협약은 이후 20년마다 규정을 개정해서 그때그때 발생하는 문제점들을 해결해 왔어. 1886년 조약 체결 후, 1908년에는 베를린에서, 1928년에는 로마에서, 1948년에는 브뤼셀에서, 1967년에는 스톡홀름에서, 1971년에는 파리에서 회의를 개최하여 문제가 있는 규정을 수정했어. 현재 베른 협약에는 전 세계 150여 개국이 가입해 있어.

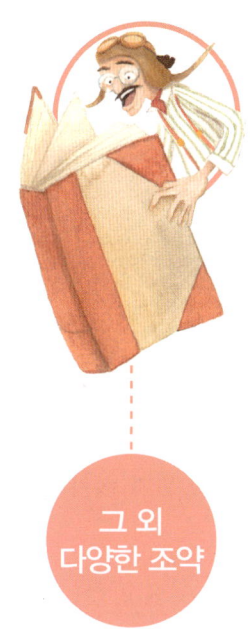

그 외
다양한 조약

세계 저작권 협약

　세계 저작권 협약은 문학, 음악, 미술 및 지적인 작품을 포함한 저작물에 대해 저작권을 보호하기 위해 체결된 조약이야. 저작권 보호를 목적으로 체결된 베른 협약과 비슷한 협약이지만 베른 협약과는 조금 차이가 있는 협약이야.
　국가 간 저작권을 보호하는 방식에는 크게 두 가지가 있어. 하나는 저작물의 등록이나 납본 등 일정한 절차를 요구하는 방식(방식

① 체결 당사국 : 1952년 제네바 회의 참석국
② 체결 시기 : 1952년
③ 체결 장소 : 스위스 제네바
④ 체결 이유 : 저작권 보호 목적

주의)이고, 다른 하나는 그런 절차 없이 보호하는 방식(무방식주의)이야.

일단 저작물이 창작되면 어떤 방식이나 절차가 없어도 저작물의 보호를 받는 무방식주의는 베른 협약이 채택한 방식이야. 유럽이나 아시아, 아프리카 나라들이 이 방식을 따르고 있어.

그런데 미국 등 아메리카 국가들은 저작물이 창작되고 나면 등록이나 납본 등 일정한 절차를 거친 저작물에 대해서 보호한다는 원칙을 가지고 있었어. 이렇게 되자 저작물 보호를 둘러싸고 국가 간 마찰이 생길 수밖에 없었어.

이에 유네스코는 저작물 보호에 대한 국가 간 마찰을 해결하기 위하여 별도의 조약을 만들게 되었고, 그 결과 체결된 조약이 바로 '세계 저작권 협약'이야.

1952년 스위스 제네바에서 체결된 세계 저작권 협약은 방식주의와 무방식주의를 서로 연결하기 위해 체결된 조약이며, 베른 협약을 최대한 보호하려는 의미에서 체결된 조약이기도 해.

세계 저작권 협약의 주요 내용은 다음과 같아.

> **첫째,** 체결 당사국은 베른 협약 가맹국의 저작물에 대해서도 등록, 납본 등의 일정한 요건을 갖추면 방식주의 국가에서도 저작권을 보호한다.
> **둘째,** 체결 당사국은 협약 발효 이전의 저작물에 대해서는 보호하지 않는다.
> **셋째,** 체결 당사국은 저작물의 보호 기간을 저작자 생존 기간 및 사후 25년으로 정한다. 단, 사진이나 응용 미술 저작물에 대해서는 사후 10년으로 한다.
> **넷째,** 체결 당사국은 상대국의 저작권 보호 기간이 자국의 보호 기간보다 짧을 경우에는 짧은 쪽의 보호 기간을 적용한다.

세계 저작권 협약은 무방식주의를 택한 국가의 지적물에 'ⓒ(copyright)기호'를 표시하면 방식주의 국가에서도 저작권의 보호를 받을 수 있도록 규정했어. 또 세계 저작권 협약은 베른 협약을 최대한 보호하기 위해 만든 조약이니만큼 두 협약에 모두 가입되어 있는 국가 상호 간에 대해서는 베른 협약을 우선적으로 적용하게끔 했어.

세계 저작권 협약은 체결되고 3년 후인 1955년 발효되었고, 1971년 한 차례 개정되었어. '만국 저작권 조약' 또는 '유네스코 조약'이라 부르기도 해.

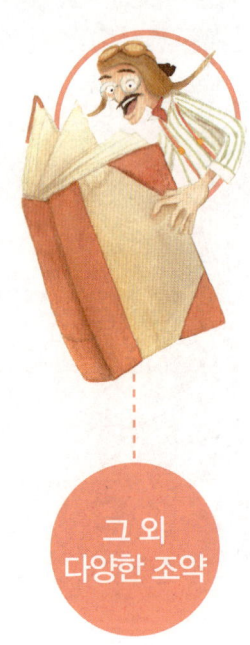

그 외
다양한 조약

조약법에 관한 빈 협약

조약법에 관한 빈 협약은 간단하게 말하면 조약의 형식과 절차에 대한 기준을 마련한 조약이야. 조약에 대한 조약이라고 할 수 있지.

오랜 옛날부터 세계는 수많은 조약을 체결하면서 살아왔어. 하지만 그 조약들은 그때그때 상황에 맞게 임의적으로 체결한 조약이지, 어떤 규칙이나 절차에 따라 체결된 조약은 아니었어. 단지 국제적인 관습에 따라 조약을 체결했던 거야.

① 체결 당사국 : 영국, 독일 등 45개국
② 체결 시기 : 1969년
③ 체결 장소 : 오스트리아 빈
④ 체결 이유 : 조약의 일반 원칙 수립 목적

그런데, 20세기 중반 무렵 조약에 관한 국제적인 기준을 마련하자는 목소리가 나오기 시작했어. 지구라는 마을에서 모두가 공동의 번영을 누리기 위해서는 국가 간 많은 조약을 만들어야 하는데, 국제적으로 모두가 인정하는 기준이 없다면 조약의 신뢰성에 문제가 생길 수 있다는 판단에서 나온 생각이었어.

유엔은 국제법 위원회를 설립하여 조약에 관한 기준을 만들기 시작했고, 1966년 초안을 작성했어. 1968년에는 조약법이 확정되었고, 1969년 오스트리아 빈에서 45개국 대표가 참여한 가운데 '조약법에 관한 빈 협약'이 체결되었어.

조약법에 관한 빈 협약의 주요 내용은 다음과 같아.

첫째, 본 협약은 국가 간 체결된 조약만을 인정하고, 어떤 기구나 세력 집단끼리 맺어진 조약은 인정하지 않는다.
둘째, 본 협약은 구두로 체결된 조약은 인정하지 않고, 문서의 형태로 이루어진 조약만을 인정한다.
셋째, 본 협약은 국내법을 이유로 체결된 조약을 거부하지 않는다.

> 넷째, 본 협약은 일반적으로 '협상-조약문 채택-서명-비준' 등의 절차에 따른다.
> 다섯째, 본 협약은 강압에 의해 체결된 조약에 대해서는 인정하지 않는다.
> 여섯째, 본 협약은 과거에 체결된 조약에 대해서는 적용되지 않고, 협약 발효 이후에 체결된 조약에 대해서만 적용된다.

조약법에 관한 빈 협약은 35개국 이상이 비준해야 발효된다는 규정에 따라 1980년에야 발효될 수 있었어. 당시에는 문서로 되어 있지 않는 조약은 무효로 본다거나, 국내법을 이유로 조약을 거부하지 않는다는 규정에 대해 많은 나라들이 반대 의사를 표명했기 때문이야. (1986년 국가 간의 조약만을 조약으로 인정한다는 규정을 수정하여 국가와 국제기구, 국제기구 간 조약도 조약으로 인정한다는 수정안을 새로 만들었는데, 이 수정 협약은 현재 발효되지 못하고 있음)

하지만 현재에는 100여 개국이 넘는 나라가 이 협약에 가입해 있으며, 조약 체결 시에는 이 협약의 기준에 따르고 있어.

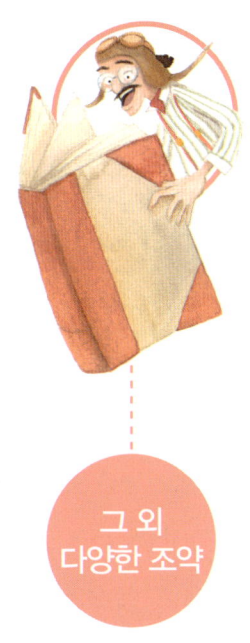

그 외
다양한 조약

세계 유산 협약

유산이란 앞 세대가 물려준 사물이나 문화를 말하는데, 이는 다시 후세에게 물려주어야 하는 소중한 자산이야. 그러니까 세계 유산 협약은 다음 세대에게 물려주어야 할 인류의 소중한 유산이 파괴되는 것을 막고, 잘 보전하기 위하여 체결된 조약이야.

1960년 이집트는 나일강의 범람으로 인한 홍수를 막기 위해 강의 상류에 댐을 건설하기로 결정했어. 그런데 댐이 건설되면 세계

① 체결 당사국 : 1972년 유네스코 총회 참석국
② 체결 시기 : 1972년
③ 체결 장소 : 프랑스 파리
④ 체결 이유 : 인류의 소중한 유산 보호 목적

적으로 유명한 고대 이집트 유적들이 수몰될 수밖에 없었어. 이에 이집트 정부와 세계 각국의 학자들은 유적을 보호하기 위하여 유네스코에 도움을 요청하였고, 유네스코는 곧바로 유적 보호 운동을 전개했어. 운동 기간 중 세계 50여 개국이 참여하여 약 8천만 달러가 모금되었어. 유네스코는 이때 모금된 돈으로 이집트 유적을 옮겨서 보전할 수 있었어.

세계는 이를 계기로 인류의 소중한 유적을 보전하기 위한 논의를 시작했고, 1972년 유네스코 총회에서 세계 유산 협약을 체결하게 되었어. 협약의 정식 명칭은 '세계 문화 및 자연 유산 보호 협약'이야.

세계 유산 협약의 주요 내용은 다음과 같아.

첫째, 체결 당사국은 자국 내에 있는 문화 및 자연 유산이 세계의 유산이라는 것을 인식하고, 이를 보호하기 위하여 최선을 다하고 적절한 조치를 취한다.
둘째, 체결 당사국은 문화 및 자연 유산을 보호하기 위하여 정부 간 위원회(세계 유산 위원회)를 설치한다.
셋째, 체결 당사국은 자국 내에 있는 문화 및 자연 유산 중 세계 유산 목록에 포함될 가치가 있는 유산에 대해서는 목록을 작성하여 세계 유산 위원회에 제출한다.

> 넷째, 체결 당사국은 보편적 가치를 지니고 있는 세계 문화 및 자연 유산을 위한 세계 유산 기금을 설립한다.

　세계 유산 협약의 핵심은 보호할 가치가 있는 인류의 유산을 지정하고, 그것을 보호하기 위해서 세계가 함께 노력한다는 거야. 따라서 유네스코의 세계 유산으로 등록이 되면 그건 바로 인류의 소중한 공동 자산이 된다는 의미이지.

　세계 유산의 선정은 21개국으로 구성된 세계 유산 위원회에서 담당하고 있어. 세계 유산 위원회는 매년 1회 전체 회의를 열어 각국에서 보호해 달라고 요청한 문화 및 자연 유산에 대해 검토한 다음, 보호할 가치가 있다고 판단되면 즉시 세계 유산으로 선정해 보호하는 역할을 해. 우리나라도 세계 유산 위원회 위원국으로 활동하고 있어.

　세계 유산은 역사적으로 중요한 가치를 가지는 '문화유산'과 지구의 역사를 잘 나타내고 있는 '자연 유산', 그리고 이들의 성격을 합한 '복합 유산'으로 구분되어 있어. 현재 세계 유산 협약 가입국은 190여 개국이고, 세계 유산은 전 세계 165여 개국에 분포되어 있어. 총 1,052점이 세계 유산으로 등록되어 있고, 이중 문화유산은 814점, 자연 유산은 203점, 복합 유산은 35점이야. 우리나라는 2018년 6월 30일 바레인에서 열린 세계유산위원회 총회에서 '한국의 전통 산사'가 새롭게 세계문화유산으로 선정되어서 총 13점의 세계문화유산을 보유하게 되었어.

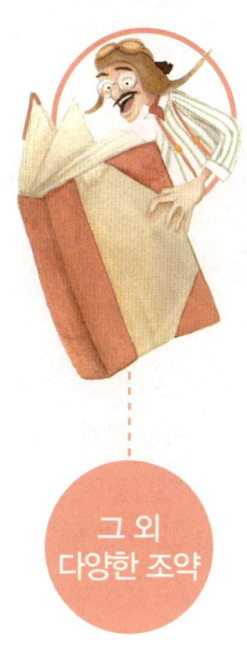

그 외
다양한 조약

문화 다양성 협약

'문화 다양성'이란 모든 인간과 집단이 가지고 있는 다양한 문화와 그 문화적 차이를 포괄하는 개념이야. 여기에는 서로 다른 문화적 차이를 존중하고 보전해야 한다는 의미도 포함되어 있어.

2001년 유네스코 총회에서는 미국 주도의 세계화로 인해 점점 사라져가고 있는 세계 각국의 고유한 문화를 증진하고 보호하기 위하여 '유네스코 문화 다양성 선언'을 채택했어. 이후 유네스코는 이

① 체결 당사국 : 2005년 유네스코 총회 참석국
② 체결 시기 : 2005년
③ 체결 장소 : 프랑스 파리
④ 체결 이유 : 세계 각국의 문화 다양성 인정 목적

선언만으로는 각국의 문화 다양성을 보호하기 어렵다는 판단 하에 국제적인 조약의 필요성을 느끼게 되었어.

이에 유네스코는 2005년 총회에서 '문화 다양성 협약'을 채택했어. 세계가 함께 문화 다양성을 인정하고 보호해 주기를 바라는 마음에서 체결한 거야. 이 협약의 정식 명칭은 '문화적 표현의 다양성 보호와 증진을 위한 협약'이야.

문화 다양성 협약의 주요 내용은 다음과 같아.

첫째, 체결 당사국은 문화적 표현이 위협받거나 취약한 상황이 발생할 경우, 자국 내에서 이를 보호하고 증진하기 위하여 규정을 만들거나 지원한다.
둘째, 체결 당사국은 예술가 및 그 밖의 창작 과정에 참여하는 사람들의 문화적 다양성을 증진하기 위하여 노력한다.
셋째, 체결 당사국은 자국 내에서 또는 국제적 차원에서 문화적 표현의 다양성을 보호하기 위하여 취한 조치들에 관한 적절한 정보를 보고서 형태로 4년마다 유네스코에 제출한다.
넷째, 체결 당사국은 개발 도상국이 문화적 표현의 다양성 보호와 증진을 위한 역량을 강화할 수 있도록 여러 단체들과의 협력 관계를 장려한다.

우리나라도 협약의 첫째 조항을 근거로 우리나라 영화를 보호하기 위하여 '스크린 쿼터제'를 실시하고 있어. 스크린 쿼터제란 극장에서 일정 기간 동안 한국 영화를 상영하도록 한 제도야. 이 제도는 외국 영화의 무차별적인 영화 시장 정복을 방지하기 위하여 마련한 조치야.

문화 다양성 협약은 체결되고 2년 후인 2007년 발효되었어. 이 협약의 핵심은 문화 다양성은 인류 공동의 유산이며, 모든 이들의 이익을 위하여 존중되고 보존되어야 한다는 거야.